Thomas Struck und Karin Laudenbach

Auf dem Rad den Rhein hoch

11 Touren von Hoek van Holland über Köln nach Mainz

Das Buch zur SWR-Fernsehserie

Band 1

J.P. BACHEM VERLAG

Auf dem Rad den Rhein hoch entstand nach der Fernsehserie des SWR: **Der Reiseverführer**, Regie Thomas Struck, Produktion Thomas Tielsch, filmtank hamburg GmbH.

Umschlagabbildungen vorne: © Christopher Landerer
Umschlagabbildungen hinten: © Christopher Landerer

👁 im Text weisen auf besonders sehenswerte Orte hin.
Zusatzangaben finden Sie im Infoteil nach Tourverlauf geordnet.

Kartenlegende: Tourenkarten 1-11

Autobahn und autobahnähnlich

Bundesstraße und sonstige Hauptverkehrsstraße

Sonstige Straße

Bahnlinie

Tourenverlauf

Burg / Schloss

Kirche / Kapelle

Windmühle

Autobahnanschluss

Die Deutsche Bibliothek – CIP-Einheitsaufnahme
Ein Titeldatensatz für diese Publikation ist bei Der Deutschen Bibliothek erhältlich.

1. Auflage 2002

Lektorat: Frauke Severit, Köln
Karten: Thomas Vogelmann, Edingen-Neckarhausen
Umschlag- und Innengestaltung: Barbara Meisner, Düsseldorf
Reproduktionen: Reprowerkstatt Wargalla, Köln
Druck: Druckerei J. P. Bachem GmbH & Co. KG Köln
Printed in Germany
ISBN 3-7616-1640-6

www.bachem-verlag.de

Thomas Struck und Karin Laudenbach

Auf dem Rad den Rhein hoch

Band 1

Inhaltsverzeichnis

Unseren Müttern

Vor der Reise

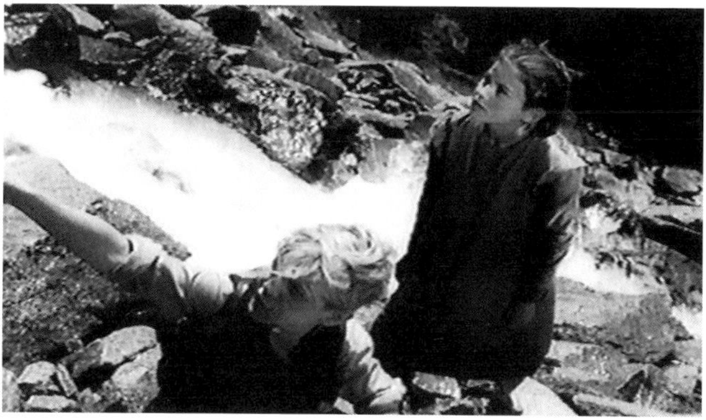

„Und woher kommt denn das Wasser?"

„Ich finde den Rhein sehr schön. Er verbindet viele Kulturen. Und das ist für mich Grund genug, einmal den Ursprung des Rheins kennen zu lernen", sagt mir ein Wanderer aus Oberhausen in 2300 m Höhe, kurz vor der Rheinquelle im St. Gotthard Massiv.

Von der Mündung des Rheins in Holland bin ich bis hierher geradelt. Doch jetzt muss ich mein Rad stehen lassen. Der Berg verlangt von mir, dass ich die letzten Meter zu Fuß zur Quelle gehe. Ich stamme von der Waterkant und will wie „Heidi" wissen, woher das ganze Wasser kommt.

Denn „Heidi" von Johanna Spyri ist eine Heldin aus meiner Kindheit und hat mich zu dieser Reise inspiriert. Heidi steigt mit ihrem Freund Geißen-Peter einen Bergbach hoch und will sehen, wo der Bach herkommt. Geißen-Peter weigert sich, weiter zu steigen. Er behauptet, im Fels sei der Anfang des Baches. Sie bleibt hartnäckig: „Wo ist der Anfang vom Anfang?" Heidi verspricht ihm ihre Vesper und Geißen-Peter zeigt ihr einen See. Heidi lässt nicht locker: „Und woher kommt denn das Wasser?" „Aus dem Himmel", antwortet Peter.

Johanna Spyri schrieb ihren berühmten Roman in Maienfeld. Der kleine Ort liegt am Alpenrhein. So wurde Heidi die Jüngste im Geschlecht der Rheintöchter. Und die Unschuldigste. Denn die meisten der sagenhaften Rheintöchter sind höchst gefährlich, wie die Nixen, die Loreley, Kriemhild oder Germania. Welche Beziehungen gibt es zwischen Weiblichkeit und Wasser? Auf meiner Tour suche ich Antworten auf diese Frage.

Der Rhein ist ein Strom voller Geschichten. Sie haben ihre Spuren in mächtigen Bauwerken hinterlassen, und sie leben in den Menschen am Rhein fort. Diese Menschen zwischen **Rotterdam** und dem Toma-See möchte ich kennen lernen. Ihre Sprachmelodien will ich hören: holländisch, rheinisch, alemannisch, französisch, Schwyzerdütsch. Ich habe Appetit auf rheinischen Sauerbraten und Durst auf Burgunderwein. Ich freue mich auf das bunte Panorama der Landschaften, vom sanften grünen Flachland bis zu den schroffen stolzen Alpen.

Den gesamten Rhein möchte ich sehen, riechen, schmecken und fühlen. Der Höhepunkt der Reise ist die Rheinquelle. Das Beste kommt zum Schluss. Deswegen fahre ich gegen den Strom und beginne am rechten Ufer in **Hoek van Holland**. Linkes und rechtes Ufer werden immer von der Quelle aus gesehen. Wenn man beispielsweise am linken Ufer fährt, sieht man linker Hand das rechte Ufer, die „schäl Sick", wie der Kölner sagt. Vor Ort, wenn man den Rhein fließen sieht, ist die Orientierung kein Problem mehr. Alles klar? Auf geht's!

Sehen, was läuft

Für die Reise

Für diese Reise konnte ich das Fernsehen des SWR und WDR begeistern und montierte eine digitale Videokamera vor den Lenker. Die Gabel ist gut gefedert. Das Fahrrad ist stabil, mit dicken Reifen und einem bequemen Sattel ausgestattet. Mein Luxusstück ist eine 14-Gang-Nabenschaltung, denn wegen der Filmerei während der Fahrt brauche ich Bedienungskomfort.

Start mit Rückenwind

Ungefähr vier Wochen werde ich unterwegs sein, ausgerüstet mit einer Tasche für die Kamera und zwei Packtaschen.

Die Fahrradkleidung ist handwaschbar und schnell trocknend, mit Ausnahme der Socken, deshalb ein Paar mehr mitnehmen. Fahrradunterhosen sind hilfreich. Für schlechtes Wetter eine wind- und regenabweisende Jacke, so atmungsaktiv wie möglich, sonst wird man von innen nasser als von außen. Badehose und

Das Cine-Bike

ein kleines Handtuch sind empfehlenswert. Wer keinen Helm trägt, braucht eine Mütze. Vorsicht vor der Sonne, auch wenn sie nicht vom Himmel knallt! Etwas Werk- und Flickzeug gehört dazu. Und bitte zwei Wasserflaschen nicht vergessen.

Übernachten werde ich in Hotels, die es in fast jedem Ort am Rhein gibt. Natürlich geht es auch mit dem Zelt. Auf der gesamten Strecke längs des Rheins gibt es schöne Campingplätze. Die Wege sind zum größten Teil abseits großer Autostraßen, einfach zu fahren und gut ausgeschildert. Auch wenn mal eine Abzweigung verpasst wird, der Weg zum Rhein findet sich leicht wieder.
Einen festgelegten Etappenplan habe ich nicht, als Gemütlichkeitsradler will ich das Radfahren und die Reise genießen.
Bis **Chur** in Graubünden (590 m) ist die Strecke mit einem normalen Tourenrad leicht zu bewältigen. Dann fällt der Rhein-hoch-Radler eine wichtige Entscheidung: Soll und kann er weiter mit dem Rad fahren? Auf 90 km Strecke muss er von 590 m auf etwa 2 300 m klettern. Das braucht viel Trinkwasser, eine gute Schaltung und Zeit – schieben ist erlaubt. Wem die Strecke per Rad zu anstrengend ist, setzt sich in Chur oder einem anderen Ort in den Zug, fährt zur Station Oberalppass und wandert gemütlich zur Quelle, dem Toma-See.

„Ich sah ein großes, grünes Auge. Es hat mich angestarrt. Und ich habe zurückgestarrt. Es war erhebend", beschreibt ein Wanderer aus **Bonn** sein Quell-Erlebnis. Das will ich auch sehen und schmecken. Aber bis dahin sind es noch rund 1 320 km.

Holland

Die Tour durch Holland beginnt auf der meerumtosten Mole an der Nordsee und der Mündung des Rheins. Sie führt in die moderne, pulsierende Metropole Rotterdam, dem größten Hafen der Welt. Auf fantastischen Radwegen kann man die Stadt und Europoort erkunden. Eine Fahrradstunde hinter Rotterdam fühlt man sich an den Windmühlen von Kinderdijk um Jahrhunderte zurückversetzt. Jetzt fährt man durch stille Polderlandschaften, weit ab vom Verkehr, und erreicht die Waal, einen der Mündungsarme des Rheins. Hier herrscht dichter Schiffsverkehr. Auf dem begleitenden Deich ist gut fahren, manchmal schneller als die bergfahrenden Schiffe. Die Wege sind asphaltiert und zum größten Teil für den Autoverkehr gesperrt. Hinzu kommt für den Radler, der den Rhein hoch fährt, ein besonderer Bonus: Der Rückenwind. Die Route führt nach Osten, und der Seewind bläst von Westen in den Kragen. So landet man ohne große Anstrengung in der trutzigen Feste Loevestein, passiert das quirlige Städtchen Zaltbommel und erreicht Nijmegen, die einzige holländische Stadt, die auf Hügeln erbaut worden ist.

`s-Gravenzande
Naaldwijk
N223
Delft
Berkel en
Rodenrijs
Hoek van Holland
A13
A20
Nieuwewaterweg
Sturmflutwehr
A20
Maassluis
A4
A20
Kralingen
Erasmusbrücke
A15
Oostvorne
N218
Windbrecher
Brielle
Vlaardingen
Schiedam
Euromast
Maastunnel
Rozenburg
Rotterdam
A15
N218
N218
A15
Spijkenisse
Albrandswaard
N57
N217
Oud- Beijerland
N217
Hellevoetsluis
0
6 km
Binnenmaas
A29

Tour 1

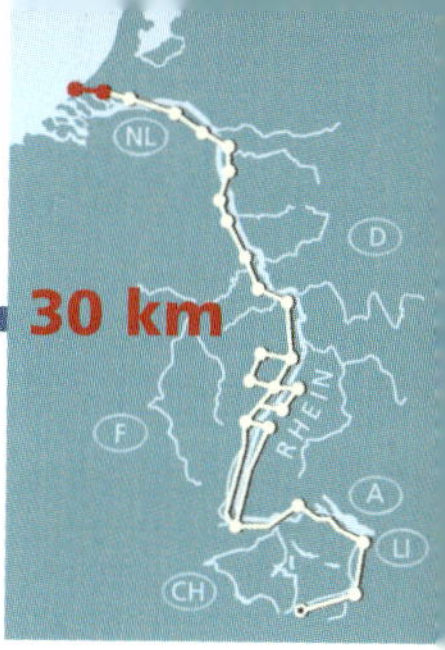

Wind im Rücken und Salz auf der Haut

Von Hoek van Holland nach Rotterdam

Am Nordseestrand von **Hoek van Holland** ragt wie eine lange, spitze Nase eine Mole ins Meer, auf der meine Reise beginnt. Rechts der Mole fließt der Nieuwe Waterweg in die Nordsee. Fette Brecher klatschen gegen die gewaltigen Felsbrocken der Mole. Möwen stehen im Wind. Fußballfeldgroße Schiffe gleiten vorüber. Salzige Gischtflocken fliegen mir ins Gesicht. Ich sehe mich um: Hier mündet also der Rhein, genauer gesagt ein Teil des Rheins. Denn der Rhein hat viele Enden und in Holland viele Namen: Oude Rijn, Ijssel, Lek, Waal.

Meine Kamera ist wasserscheu, deshalb fahre ich schnell los. Der Weg ist glitschig. Eine Böe drückt mich beinahe in die Nordsee. Das schwer beladene Rad reagiert empfindlich auf Seitenwind und ist nicht so einfach zu lenken.

Auf dem südlichen Ufer des Stroms stehen klitzeklein die Kräne von Europoort. ***Europoort*** zieht sich 30 km hin bis Rotterdam. Durch den künstlich angelegten Nieuwe Waterweg wurde Rotterdam zum wichtigsten Seehafen für Deutschland und zum größten Hafen der Welt.

Ich verlasse die Mole und fahre auf dem Weg durch die Dünen parallel zum Nieuwe Waterweg nach Hoek van Holland, das als Vorhafen von Rotterdam Ende des 19. Jh. für Passagierschiffe gebaut wurde. Am Anleger der Englandfähre kreuze ich die Bahnlinie und biege in die Pr. Hendrikstraat ein, die mit zweistöckigen Häusern aus der Gründerzeit bebaut ist. Am Ende der Straße fahre ich an Lagerhallen vorbei, kreuze nach rechts die Bahnlinie und bleibe parallel zum Nieuwe Waterweg. In etwa 2 km Entfernung sehe ich zu beiden Seiten des Stroms eine rießige weiße Konstruktion.

Am Ende des Rheins, am Anfang der Reise

Ich nähere mich einem beeindruckenden Bauwerk: Dem ***Sturmflutwehr*** von Maeslant. Zwei gebogene Stahltore, je 210 m lang und 22 m hoch, schließen im Falle einer Sturmflut

den ca. 420 m breiten Nieuwe Waterweg ab. Eine eierschalfarbene Fachwerkkonstruktion, ähnlich liegenden Baukränen, überträgt den Druck auf zwei federnde Kugelgelenke. Sie sollen sich gegen die unvorstellbare Kraft von 70 000 t Wasser stemmen.
Das Sturmflutwehr wurde 1997 in Betrieb genommen. „Bis jetzt hat man es noch nicht gebraucht", sagt die freundliche PR-Dame. „Wir erwarten eine Sturmflut alle sieben Jahre."

Sturmflut-wehr

Ich trinke einen leckeren Kaffee im ***Sperrwerk-Museum***, das Wehr und Wasserkräfte anschaulich darstellt. In den kommenden Jahrzehnten wird man das Wehr häufiger brauchen, denn der Wasserspiegel der Weltmeere steigt. Einige Wasserexperten befürchten, in hundert Jahren sei das Sperrwerk eine rostende Ruine im Brackwasser.
Hinter dem Sturmflutwehr geht es scharf links an dem kleinen Oranjekanal zur N 220. Parallel dazu führt ein Radweg. Nach 3 km biege ich rechts in die Straße nach **Maassluis.** Sie verläuft parallel zum Nieuwe Water Kanal.

Ausflug

Abstecher nach Rozenburg. Wer noch ein beeindruckendes Bauwerk des niederländischen Kampfes gegen die Elemente sehen will, macht einen Ausflug zu den ungefähr 20 m hohen ***Windbrechern*** von **Rozenburg**. In Maassluis am Bahnhof rechts zur Fähre nach Rozenburg. Die Überfahrt dauert 10 Minuten und kostet 1 €.

Wind-brecher

Am Ufer in Rozenburg fahre ich rechts, bei der nächsten Abzweigung wieder rechts, nach 1 km links der Straße nach bis zum Kanal, dann wieder links bis zur Calandbrug, die ich überquere. Links und rechts der Brücke stehen am Neckarweg gigantische Betonschilde, die den Wind brechen sollen, der mit seiner Kraft Containerschiffe ans Ufer drücken kann.

Ausflug

Der Deltaplan

Sturmfluten gehören zu Hollands Geschichte wie das Salz zum Matjes. Die Flut von 1953 riss mehr als 1800 Menschen in den Tod. Damit sich eine derartige Katastrophe nicht wiederholt, wurden die gefährdeten Küstenstriche im Rahmen des Deltaplans seit 1958 durch verstärkte Dämme, Deiche und Flutwehre gesichert. Lediglich der Nieuwe Waterweg und die Westerschelde, die Schifffahrtswege nach Rotterdam und Antwerpen, sollten zum Meer hin offen bleiben. Doch als die Oosterschelde durch einen Damm vom Meer getrennt werden sollte, gab es starke Proteste seitens der Fischer und der Fischindustrie. Durch die beabsichtigte Umwandlung von Salz- in Süßwasser, wäre das biologische Gleichgewicht zerstört worden. Die Lösung des Problems brachte ein halboffenes Sturmflutwehr von 3 km Länge, dass den Gezeitenströmen in die Oosterschelde freien Lauf lässt, sie jedoch bei Sturmflut durch gigantische Tore abschließt. Die Konstruktion wird auch als „achtes Weltwunder" bezeichnet. Das, durch die noch offenen Schifffahrtswege, von Sturmfluten bedrohte Hinterland wird durch Deiche geschützt, die entlang der Wasserwege verstärkt und auf „Deltahöhe" – 1m über der Höhe der Flut von 1953 – gebracht wurden.

Alle 7 Jahre eine Sturmflut

Zurück in **Maassluis**, fahre ich von der Fähre aus gesehen links an einer Windmühle vorbei und biege in die erste Straße rechts ein. Sie führt mich in der Nähe des Ufers vorbei an einer Grünfläche bis zur Shell-Raffinerie in **Vlardingen**. Ich kreuze die Bahnlinie und halte mich rechts zur Bahn Richtung Schiedam. Am Bahnhof gleich rechts durch eine Bahnunterführung, nach 200 m unterquere ich die A 4. Langsam wird es großstädtisch. Auf dieser Straße, dem Vlaardingerdijk, erreiche ich **Schiedam**. ich passiere den großen Juliana Park und zwei Krankenhäuser. Nach einem kurzen Rechtsknick gleich wieder links in die Oranjestraat. Die bewegliche Brücke ist unten, und ich kann gleich weiter fahren, an einer Post vorbei, über eine Gracht, dann rechts auf eine vierspurige Straße, den Rotterdamsedijk, mit Radweg und schnurgerade 3,5 km weit. Am Masconi Plein rechts, vorbei an der Busstation und auf der Hudsonstraat immer geradeaus, ca. 3 km.

Auch in **Rotterdam** riecht es lecker nach Meer. Menschen unterschiedlicher Nationen, Hautfarben und Sprachen wuseln herum. Überall rollen Fahrräder, Fietsen genannt, auf breiten roten Radwegen. Die Stadt weckt Entdeckerlust.

Zum ***Delfshaven*** biege ich links in die Watergeusstraat, rechts in die Middenkous, dann links direkt an der Gracht in den Voorhaven, immer auf holperigem Backsteinpflaster. Links und rechts des Wassers stehen wunderschön restaurierte ehemalige ***Lagerhäuser***, in denen sich Spezialitätenrestaurants und kleine Läden befinden. Ich überquere eine Van-Goghsche Zugbrücke und halte neben der ***Pilgerväterkirche***. Die Kirche ist das älteste Gotteshaus der Stadt.

Straßen in Rotterdam

Im historischen Delfshaven begannen 1620 die puritanischen Pilgerväter ihre Reise nach Amerika. Der Delfshaven ist das einzige Rotterdamer Stadtviertel mit alter Bausubstanz. 1940 legte die deutsche Luftwaffe die Stadt in Schutt und Asche, obwohl die niederländische Regierung bereits über ihre Kapitulation verhandelte.

Neben der Kirche zische ich ein malziges Bier im Pelgrims Café und esse „gerokte paling", Räucheraal. Im Gang zum gemütlichen Hinterhof hängt die Liste mit den Namen der Original Pilgerväter. Ich freue mich an der Pracht der Gracht, den alten Häusern und den Amerikanern, die nach ihren „roots" suchen.

Auf dem Westzeedijk fahre ich zurück. Der Weg zu meinem Hotel führt mich am Fernseh-

Treffpunkt der Pilgerväter

turm, ***Euromast***, vorbei. Hier kann man aus 100 m Höhe einen Blick auf den großartigen Hafen und die Stadt genießen. Unmittelbar in der Nähe im Museums Park liegt das Museum ***Boijmans-Van-Beuningen***. Weltberühmte alte und moderne Kunstwerke, etwa von Bosch, Brueghel, Magritte und Beuys warten hier auf mich. Es ist Montag. Das Museum hat zu.

Ich fahre weiter über Westzeedijk und Vasteland und erreiche wieder die Maas. Hier biege ich nach rechts und überquere den Fluss auf der Erasmusbrücke, eine kühne Konstruktion mit nur einem Pfeiler und armdicken Stahlstrippen. Auf dem letzten Drittel muss ich anhalten. Wegen eines kleinen Segelschiffes wird die vierspurige Brücke hochgeklappt.
Die Brücke wurde nach dem wissensdurstigen Erasmus benannt, der, 1469 in Rotterdam geboren, in Frankreich und England eine geistliche Karriere machte. Er veröffentlichte 1511 das Buch „Lob der Torheit“. Mehrmals schipperte Erasmus den Rhein hoch und runter, denn er lehrte auch in Basel. Mich inspirierte sein Motto „Zu den Quellen“. Was er auf die Schriften der Antike bezog, nehme ich erst einmal wörtlich.
Am südlichen Ende der Erasmusbrücke, bei den karottenroten Gerichtsgebäuden, fahre ich rechts und erreiche am Ende der Wilhelminakade das ***Hotel New York***. Das dunkelrote Backsteingebäude mit weißen Steinblenden

Museum Boijmans-Van-Beuningen
Unten: Erasmusbrücke

X Hotel New York

Das Fünf-Sterne-Hotel befindet sich im ehemaligen Hauptsitz der Holland Amerika Linie.

Von hier aus wurde New York entdeckt

Zwischen Holland und Amerika gibt es eine alte Beziehung. 1614 wurde am Hudson New Amsterdam gegründet, das später als New York bekannt wurde. 1620 begannen die Pilgerväter im Delfshaven ihre Fahrt in die neue Welt. Der Ausbau des Nieuwe Waterweg 1885 machte Rotterdam zum wichtigsten Seehafen Hollands. Damit wurde für die zahlreichen Auswanderer Rotterdam eine Stadt des Abschieds und der Hoffnung. Die Holland Amerika Linie war die wichtigste Reederei für Auswanderer. 500000 Personen verließen im letzten Viertel des 19. Jh. Europa via Rotterdam. Ende der 50er Jahre begann das Sterben der transatlantischen Passagierschifffahrt. 1971 fuhr die Nieuw Amsterdam II zum letzten Mal. Am 1. Mai 1984 wurde der Hauptsitz der Reederei an der Wilhelminakade geschlossen.

Das Hotel in diesem historischen Gebäude hat köstlich große, komfortable Räume mit fabelhaften Blicken auf den Hafen und seinen angenehmen Geräuschen. In den 72 Zimmern stehen individuelle, witzige Möbel, eine Mischung aus Kunst, Ikea und Antiquitäten. Die ehemaligen Chefbüros sind zu Luxussuiten umgebaut. On top gibt es noch ein Penthouse. In den Räumen, den Fluren und im Restaurant sind interessante Kunstobjekte zu sehen, die dem Hotel das Flair eines Gesamtkunstwerks verleihen.

Das Restaurant, ein beliebter Treffpunkt der Rotterdamer, bietet eine umfangreiche Speise- und Weinkarte. Meeresfrüchte sind die absolute Spezialität des Hauses. Das Preis- und Genussverhältnis ist im gesamten Haus ausgezeichnet

Erasmusbrücke geöffnet für ein Segelschiff

und grünen Turmhauben liegt an der Spitze einer kleinen Halbinsel am Rijn Haven.

Ohne Gepäck mache ich mich an die Erkundung Rotterdams. Nach der schweren Zerstörung von 1940, wurde die Stadt nach dem Krieg zum Experimentierfeld für moderne Architektur. Wolkenkratzer schossen wie Pilze aus dem Boden und prägen die Skyline. Besonders imposant finde ich die würfelförmigen Baumhäuser am Oude Haven, 1984 vom Architekten Piet Blom geschaffen. Einen der gekippten Würfel, den ***Kijk Kubus***, kann man in der Overblaak 70 besichtigen. Von dort aus fahre ich ins nahegelegene Zentrum, das zwischen den großen Straßen Blaak und der Coolsingel liegt. Dort steht an der Stadhuisplein das ***Stadhuis***, 1914–1920 im Stil niederländischer Renaissance erbaut. Es hat das Bombardement unzerstört überstanden. Gegenüber der Börse, ein Stück die Straße herunter, sehe ich mir vor dem Kaufhaus „Bijenkorf" eine 26 m hohe Konstruktion an. Es ist eine ***Plastik von Naum Gabo***. Mich zieht es wieder ans Wasser, zum Rotterdamer Gegenstück des ***Walk of Fame*** in Hollywood. Auf dem gleichnamigen Abschnitt auf dem Schiedamsdijk haben sich durch Hand- und Fußabdrücke nationale und internationale Berühmtheiten verewigt. Darunter Joe Cocker, John Denver und Fats Domino.

Von dort aus ist es nicht weit zur ***Kunsthal***. Am Leuvehaven biege ich rechts in die Vasteland ein, die später Westzeedijk heißt.

Würfelhäuser Unten: Gerichtsgebäude

Die Kunsthal liegt auf der rechten Seite in einem Park. Aber bevor ich mir die Kunst ansehe, lege ich in dem schönen Café eine Pause ein. Durch die großen Fenster lasse ich den Blick durch den Park mit alten Bäumen schweifen: Rotterdam gefällt mir.

In dem großen Veranstaltungszentrum ***De Doelen*** am Ende der Westersingel findet im Winter das renommierte ***International Rotterdam Filmfestival*** statt, das 2001 auch meinen Film „Walk Don't Walk" zeigte.

Rotterdam ist zu jeder Jahreszeit eine Stadt mit zahlreichen Attraktionen. Um sich aktuell zu informieren, besucht man am besten das Infozentrum.

Brückenwärterhaus
Unten: Drei Grazien

Westlich der Westersingel lande ich in einem orientalischen Viertel, dem ***Oude Westen.*** Das Viertel zieht viele Nachtschwärmer an, die sich in den asiatischen Imbissen für lange Nächte in den Musik-Clubs stärken.

Die Rotterdamer, sagt man, werden mit hochgekrempelten Ärmeln geboren. Das heißt, Rotterdam ist eine Arbeiterstadt. Die meisten Menschen leben hier von Handel und Schifffahrt. Der Hafen ist in der Stadt und die Stadt ist im Hafen.

Ausflug

Ausflug in den Hafen. Um eine ***Hafenrundfahrt*** zu machen, hänge ich noch einen Tag dran. Mit dem hypermodernen ***Spidoboot*** geht das in 75 Minuten. Doch ich nehme das Rad und beginne im Oude Haven am Blaak. Noch mal fahre ich an den Kubushäusern vorbei und überquere die Maas auf der Willemsbrug, unübersehbar durch ihre roten Pfeiler. Dann geht's rechts, die Erasmusbrücke rechts liegen lassen, weiter links auf der Posthuma Laan, und rechter Hand den Rijnhaven und Maashaven passieren.

Ich biege auf den Radweg der Brielse Laan, der am Südufer des Maashavens entlang führt. Auf der linken Seite der stark befahrenen Straße liegen Wohnviertel. Ich folge dem Wasser, biege in die Doklaan ein, halte mich im Dokhaven Park rechts. Hier ist ein schöner Aussichtspunkt auf die Maas, die an dieser Stelle vom Maastunnel unterquert wird. Den Tunnel benutzen auch Fußgänger (40 000 pro Stunde) und Radfahrer (8 000 pro Stunde).

Ausflug

Größter Hafen der Welt

Weiter geht es nach links – den Waalhaven auf der rechten Seite. Hier rechts ab zu den ***Docks***. Die Straßen sind gut befahrbar, es herrscht kaum Verkehr. Trotzdem ist Vorsicht geboten. Mancher LKW-Fahrer tritt hier kräftig aufs Gaspedal.

Auf den Fahrten zu den Spitzen der Docks genieße ich faszinierende Blicke auf Ladegut, Kräne und Hallen. Dicke Schiffe liegen an den Kais oder werden von bulligen Schleppern gezogen. Und immer wieder Binnenschiffe auf dem Weg von und nach Deutschland.

Auf dem Vondelingen Weg fahre ich weiter am Eemhaven vorbei, links braust der Verkehr auf der A 15. Ich unterquere die A 4, den Autobahnzubringer des Beneluxtunnels. Rechts stehen kilometerweit die Tanks des Petrolhavens. 8 km hinter der A 4 halte ich mich rechts, fahre am Botlek Becken vorbei bis **Rozenburg**. Nach etlichen Kilometern Industrielandschaft empfängt mich eine Backstein-Oase menschlicher Behausungen.

Die Hauptrichtung führt über die Calandbrug, die ich bereits bei dem Ausflug zu den Windbrechern passiert habe. Diesmal fahre ich rechts, Richtung Westen, bis ich am Ende Rozenburgs, im Grünen, auf einem Damm lande, der den gewaltigen Strom teilt. Im Norden fließt der Nieuwe Waterweg, im Süden der Calandkanaal. Es ist eine idyllische Fahrt inmitten des Stroms. Ich komme am südlichen Tor des Sturmflutwehrs vorbei und bin 9 km hinter Rozenburg an dessen Spitze. Rechts liegt Hoek van Holland.

Nun habe ich das dicke Ende des Rheins von allen Seiten gesehen und kehre um. Ab jetzt geht es nur noch stromauf, 1 320 Rheinkilometer bis zur Quelle liegen vor mir.

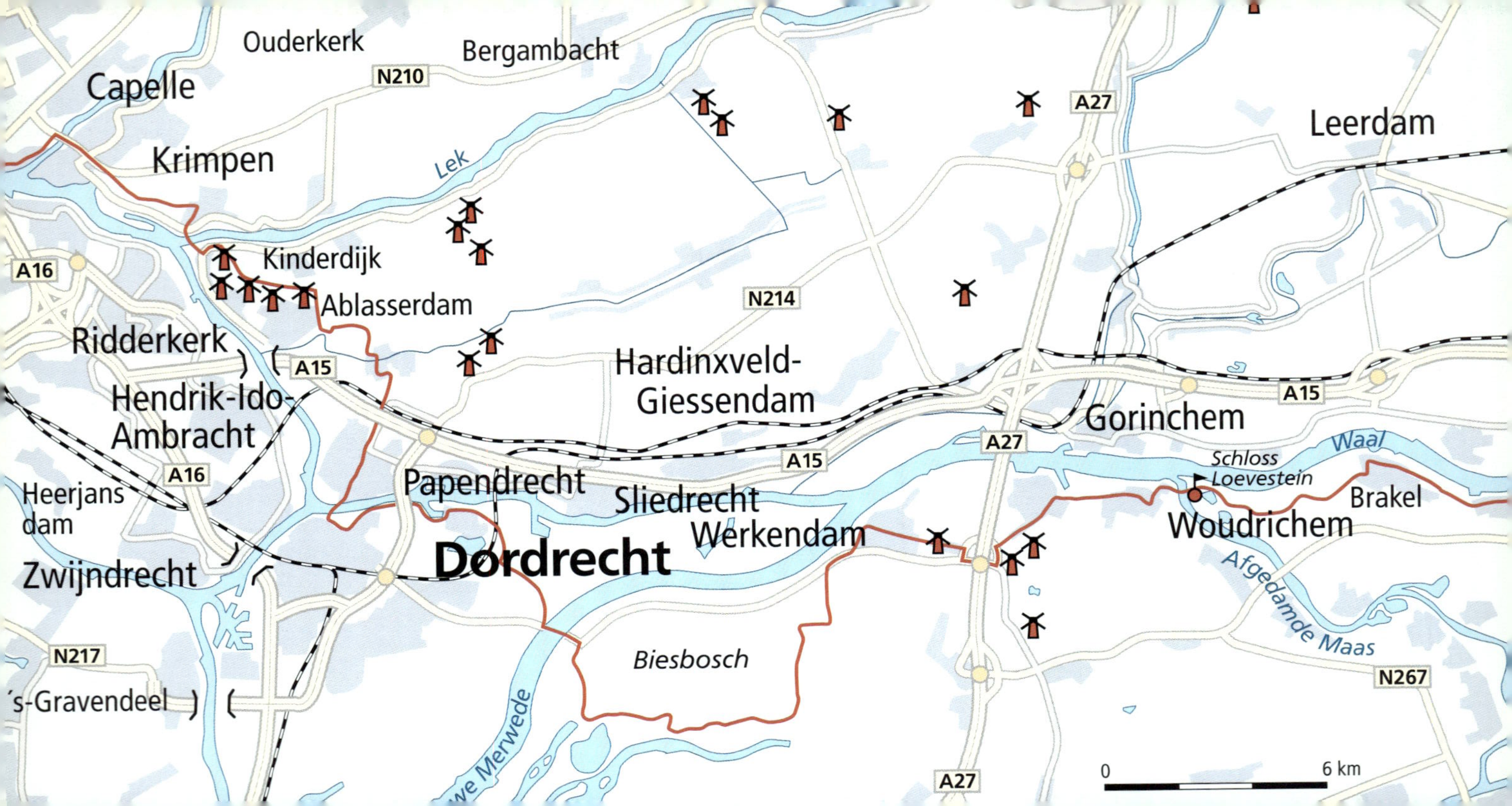
Ouderkerk
Bergambacht
N210
Capelle
A27
Leerdam
Krimpen
Lek
Kinderdijk
A16
Ablasserdam
N214
Ridderkerk
A15
Hardinxveld-
Giessendam
Hendrik-Ido-
Ambracht
A15
Gorinchem
A27
Waal
A16
A15
Schloss
Loevestein
Papendrecht
Heerjans
dam
Sliedrecht
Brakel
Werkendam
Woudrichem
Dordrecht
Zwijndrecht
Afgedamde Maas
N217
Biesbosch
N267
´s-Gravendeel
A27
0
6 km

Tour 2

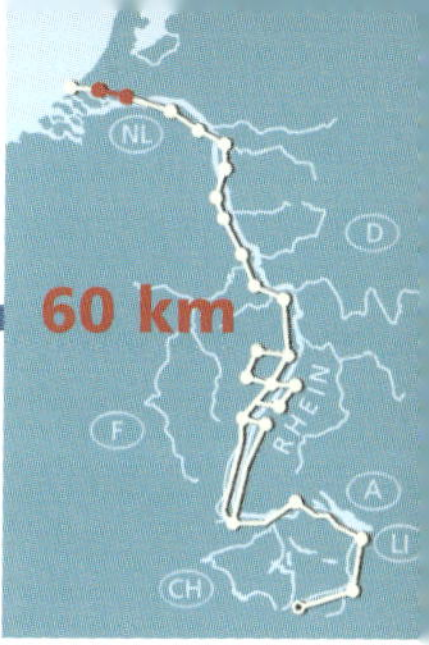

Fließende Himmel und drehende Flügel

Von Rotterdam nach Woudrichem

Rotterdam verlasse ich am Nordufer der Maas. Von der Churchill Plein im Zentrum geht's auf den Burg V. Walsum Weg, vorbei an den Würfelhäusern am Overblaak, weiter auf den Oostzeedijk. Links liegt der botanische Garten ***Arboretum Trompenburg*** mit einem Englischen Garten und einem Zedernhain.

Südlich der Autobahnauffahrt zur E 19 folge ich dem Radweg, fahre rechts in die Kralingse Zoom, dann links in den Toepad und unterquere die Autobahn. Danach bleibe ich in Flussnähe. Der Radweg führt durch den Ort **Capelle West** zur Fernstraße N 210. Ich fahre rechts und überquere die Ijssel auf einer Hebebrücke.

Gleich hinter Rotterdam beginnt das Landleben

Weiter geht's nach **Krimpen an der Ijssel**. Am Ende des Ortes biegt von der Hauptstraße ein Radweg ab, der durch die Felder nach **Krimpen an der Lek** führt. Etwa 500 m nach Ortsbeginn biegt die Straße im Ort rechts zur Fähre über die Lek ab. Auf der Lek herrscht reger Bootsverkehr. Mit der Fähre, die täglich bis Mitternacht fährt, überqueren Autos, Fietsen, Bromfietsen (Fahrräder und Mopeds) und Fußgänger die Lek. Klar wird: Die holländischen Flüsse sind viel benutzte Wasserstraßen.

Am Südufer der Lek fahre ich geradeaus an alten Reihenhäusern vorbei und sehe zum ersten Mal einen Mann in käsegelben Holzschuhen vor seiner Haustür sitzend. Nach 400 m geht's links ab Richtung Kinderdijk.

Von einer Brücke sind rechts in den Schilfwiesen die alten Windmühlen von **Kinderdijk** zu sehen. 19 Stück sind es. Manche drehen die Flügel. Nur ein Stündchen Radfahrzeit hinter dem modernen Rotterdam fühle ich mich in das Holland früherer Jahrhunderte versetzt, wie ich es von alten Bildern kenne.

Nirgendwo sonst ist diese Landschaft so erhalten wie hier. Sie wurde daher auch von den Vereinten Nationen zum Weltkulturerbe erklärt.

Von der Deichstraße rechts ab führt ein Rad- und Fußgängerweg längs eines Kanals ins Mühlengebiet. Eine der Windmühlen ist zu besichtigen. Der Kartenverkäufer im Blaumann trägt Holzschuhe, nicht aus folkloristischen Gründen, wie er sagt, sondern weil sie am besten die Füße trocken halten. Er kennt die Geschichte der Mühlen. Sie wurden Mitte des 18. Jh. errichtet und mahlen kein Korn, sondern Wasser, um die Polder zu entwässern.

Räderwerk der Mühle

Das Land liegt hier einige Meter unter dem Meeresspiegel. Die Windkraft wird auf ein hölzernes Getriebe in der dreistöckigen Mühle übertragen, das ein Schöpfrad antreibt. Damit wird das Wasser aus den Gräben in ein Kanalsystem gepumpt und fließt in die Lek ab.

In der Mühle steige ich auf engen Stiegen an einem winzigen Alkoven vorbei, in dem sich der Müller nach einem windigen Tag ausruhte. Auch die Küche mit dem Herd ist noch erhalten. Beeindruckend ist das laute Knarzen und Rumpeln des hölzernen Räderwerks.

Die Mühlen in Kinderdijk

Die Technik der Landgewinnung durch Eindeichung und Austrocknung wurde in Holland und Friesland schon im 11. Jh. angewendet. Ab dem 14. Jh. wurden Windmühlen benutzt, die nach afghanischen und persischen Vorbildern gebaut wurden. Der Mühlenkasten mit den Flügeln dreht sich dem Wind entsprechend um eine vertikale Achse. Bis 1950 waren die Mühlen in Kinderdijk in Betrieb. Heute übernehmen elektrische Pumpen die Aufgabe, das Land trocken zu halten. Der Kinderdijk hat seinen Namen der furchtbaren Elisabethflut 1421 zu verdanken. Eine Katze hatte durch aufgeregte Sprünge auf einem treibenden Kinderbett auf ein Kind aufmerksam gemacht, sodass es gerettet werden konnte.

Wassermühlen

Holzschuhe für trockene Füße

Dem Kanal mit den Windmühlen folge ich weiter, halte mich bei den ersten Häusern von **Ablasserdam** rechts, bei den letzten Häusern links und fahre durch die satten grünen Polder 200 m zu einer Windmühle. Als ich ein paar Angler nach dem Weg frage, blicken sie mich nur stumm wie Fische an.

Bei der nächsten Windmühle am Flüsschen Ablass geht's rechts ab Richtung Süden und unter der A 15 durch. Die Route führt durch **Papendrecht** bis zum Ufer der Merwede. Hier nehme ich die Fähre nach **Dordrecht**. Der Ort ist ein wichtiger Flussknotenpunkt an der Merwede, die das Rheinwasser der Waal mit der Maas verbindet.

Zur Hansezeit, im 14. Jh., war Dordrechts Hafen Endpunkt des Rheinhandels. Die Elisabethflut machte die Stadt zur Insel. Belagerung und eine Brandkatastrophe im gleichen Jahrhundert zerstörten große Teile der Stadt. Doch die Bürger bauten ihre Häuser und Grachten wieder auf. Dordrecht blieb ein politisches und religiöses Zentrum der Niederlande.

500 m vom Ankunftspunkt der Fähre entfernt, an der Oude Maas, steht die wuchtige ***Grote Kerk***. Sie wurde nach dem Brand von 1457 im spätgotischen Stil wieder aufgebaut. Berühmt ist ihr Chorgestühl, die historischen Glasfenster und eine barocke Kanzel aus weißem Marmor. Es lohnt sich, auf den Kirchturm zu steigen und auf das alte und neue Dordrecht, seine Grachten, Brücken und Flüsse zu schauen.

Meine Route führt im Norden Dordrechts über den Spuilhaven auf dem Noordendijk an einer Windmühle vorbei ostwärts. An den letzten modernen Häusern biege ich links ab und erreiche nach 1 km einen Verbindungskanal, dem ich folge. An einer Zugbrücke unterquere ich die Hauptstraße nach Papendrecht und radle weiter auf dem Deich, bis ich nach 5 km die Fähre an der Nieuwe Merwede erreiche. Sie bringt mich nach **Biesbosch**.

Biesbosch (Binsengebüsch) ist eine 40 000 ha große Insel, entstanden durch die große Flut. Dank intensiver Eindeichungen wurde das Land in fünf Jahrhunderten zurückgewonnen. In Biesbosch vergesse ich, dass ich im dichtbesiedelten, verkehrsreichen Holland bin. Weite Getreidefelder und Wiesen erstrecken sich vor mir. Kein Rauschen einer Autobahn stört das Vogelgezwitscher. Nur wenige Bauernhäuser liegen in der Ferne unter dem endlosen Himmel.

Biesbosch: durch Wiesen segeln

Nach der Fährstelle auf der Hauptstraße lockt ein Schild nach rechts ins Biesbosch Museum, das über die Entstehung der Landschaft und über ihre besondere Flora und Fauna informiert. Es besteht außerdem die Möglichkeit, eine Bootsfahrt an entlegene Stellen des Naturschutzgebietes zu buchen. Quer durch die Polderlandschaft verläuft die Route weiter auf der gut asphaltierten Nebenstrecke. Das Flüsschen Steurgat führt mich nach Norden, auf die Hauptstraße nach **Werkendam**. Hinter einer Brücke, an einer Tankstelle, verlasse ich die Hauptverkehrsstraße und durchfahre Werkendam. Beim Dorf **Schans** überquere ich auf einer Brücke die A 27, hinter der ich scharf links nach **Sleeuwijk** abbiege. In Sleeuwijk geht's weiter Richtung **Woudrichem**.

Ausflug

Ausflug nach Gorinchem. In **Sleeuwijk** kann man links abbiegen und auf dem Radweg neben den Fahrspuren der Autobahnbrücke einen Ausflug nach **Gorinchem** auf dem nördlichen Flussufer machen. Gorinchem, ausgesprochen wird es „Chorkem", ist eine alte ***Festungsstadt*** mit freundlichen Restaurants und einem verträumten Hafen. Eine Fähre verbindet die Stadt mit **Woudrichem** am gegenüber liegenden Ufer. Beide Städte liegen an der Mündung eines Armes der Maas in die Waal und hatten bis ins 16. Jh. strategische Bedeutung, daher gibt es hier große ***Befestigungsbauten***, die bis heute erhalten sind.

Auf der Deichstraße am linken Ufer sehe ich Gorinchem auf der anderen Seite des Flusses, während ich auf die alte Befestigung Woudrichems zufahre. Stadtmauern und Stadttore sind zum großen Teil noch erhalten. Ein trutziger Kirchturm überragt knapp die alten Backsteinhäuser. Viele prächtige Gebäude aus dem Mittelalter und der Renaissance prägen das Stadtbild. Ein paar alte Kanonen im kleinen Hafen erinnern an die einstige militärische Bedeutung des Ortes.

In **Woudrichem** fahre ich durch den Ort zur Kirche. Diese lasse ich links liegen und fahre geradeaus bis zu einem kleinen Bootshafen, wo mich die Fähre nach Schloss Loevestein bringt. Hinter hohen Bäumen und einer mächtigen Mauer lugen dessen dunkle Schieferdächer hervor.
Der innere Wall des Schlosses ist mit saftigem Gras bewachsen. Alte Kastanienbäume spenden Schatten. Schafe blöken mich an. Ein 10 m

breiter Graben umschließt die Backsteinfestung von quadratischem Grundriss.

Schloss Loevestein wurde im 14. Jh. erbaut und war bis zum 15. Jh. im Besitz der bayerischen Könige. 1619 wurde hier der bedeutende Gelehrte Hugo Grotius eingekerkert. Er versteckte sich in einer Bücherkiste und konnte mit Hilfe seiner Frau fliehen. So vermachte er der Menschheit die Grundlagen des Völkerrechts und des Seerechts: Das Meer ist frei für jedermann. Doch die Flüsse gehören jemand! Entweder Städten, Ländern, Gemeinden, Staaten, oder sie sind in Privatbesitz.

Ehemals Knast – Schloss Loevestein
Unten: Pieter Glas

Wasser

An der Zugbrücke der Festung treffe ich mich mit dem Wasserexperten Pieter Glas. Er leitet die Binnengewässer-Abteilung der Delft Hydraulics, einem Institut zur Erforschung des Wassers: „Kein Wissenschaftler weiß genau, woher das Wasser auf der Erde kommt. Vermutlich kam es aus dem Weltraum mit Kometen und Meteoren. Jedenfalls ist unser Planet der einzige Stern, auf dem es so viel flüssiges Wasser gibt. Wasser ist heute ein wichtiges politisches Thema. 1 cm pro Jahr steigt der Meeresspiegel. Auch der Rhein führt 20 % mehr Wasser als vor 50 Jahren. Während das Wasser steigt, sinkt das Land. In 100 Jahren wird der Wasserspiegel um 2 m höher sein", befürchtet Pieter Glas.

Im gemütlichen Schlosscafé trinken wir einen Weißwein. „Wein ist auch Wasser mit etwa 10% Alkohol", prostet mir der Wasserforscher zu.

„Und Blut?", frage ich. „Blut ist auch Wasser, mit dem Salz der Meere", antwortet Pieter Glas. Eine Erinnerung daran, dass das Leben im Meer begann.

„Und woher kommt das Salz im Meer?" „Die ‚süßen' Flüsse haben es über Jahrmilliarden aus den Bergen herausgewaschen."

Culemburg
Elst
Nederrijn
Waal
Tiel
Geldermalsen
Druten
Beneden-
Leeuwen
Beuningen
Nijmegen
Wijchen
Maas
Brakel
Zaltbommel
Berghem
Oss
Rosmalen
Heesch
Vlijmen
Hertogenbosch
A2
A15
A50
A73
A59
N327
N322
N324
0
6 km

Tour 3

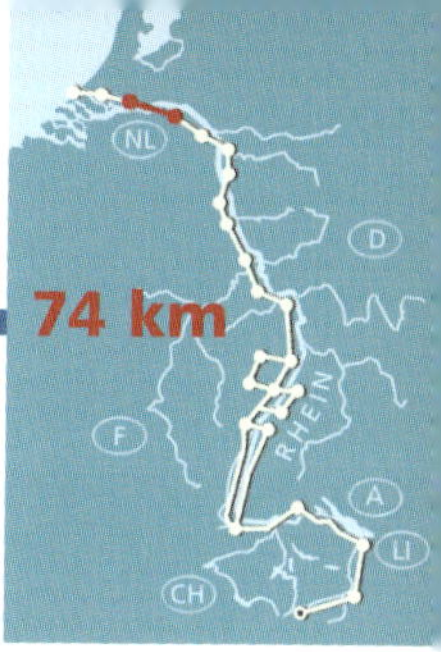

Aus der Tiefebene in die Hügelstadt

Von Schloss Loevestein nach Nijmegen

Hinter Schloss Loevestein führt der Weg an Weiden vorbei durch die Polder. Um die Hauptstraße zu meiden, halte ich mich links und bin bei **Brakel** wieder auf dem Deich Richtung **Zaltbommel**.

Auf der grau-braunen Waal herrscht reger Schiffsverkehr. Schubschiffe, Tanker, Containerschiffe und Motorboote tuckern, brummen und keuchen flussauf und -ab. Langgestreckte Buhnen ragen in den Fluss und regeln die Strömung. Dazwischen laden kleine Sandstrände zum Sonnenbaden ein. Die Nähe des Meeres ist noch zu spüren, zu dem der Strom mit Kraft fließt.

Rechts liegen kilometerlang die Glaspaläste der holländischen Landwirtschaft, Gewächshäuser so weit das Auge reicht. Kleine Siedlungen mit Reihenhäusern und Gärten mit Gemüse ducken sich hinter dem Deich. Beete, Wege und Häuser sind akkurat gerade und blitzsauber. Manchmal kräht ein Hahn, gurren Tauben, bellt ein Hund, doch kaum ein Mensch ist zu sehen. Ich frage einen Mann, der Löwenzahn pflückt, wo die Menschen sind. „Viele arbeiten auf der anderen Seite der Waal", sagt er. Die Niederlande sind ein Land mit einer großen Produktivität. Er ist Mechaniker und hat heute frei. Den Löwenzahn bringt er seinem Kaninchen, das nicht im Topf landen soll.

Links und rechts vom Deich der Waal

Der Deichweg endet an einem schönen Park mit alten Bäumen und Gewässern. Es ist die ehemalige ***Befestigungsanlage*** von **Zaltbommel**. Ich halte mich links und fahre über das Holperpflaster einer Hauptstraße zum Marktplatz. Ein gemütlicher Platz, um einen „Koffie Verkeerd", die holländische Version des Milchkaffees, zu trinken, die Fassaden der

Waal-landschaft

Renaissance- und ***Barockhäuser*** zu bewundern und dem geschäftigen Treiben der Menschen zuzuschauen. Hier sind sie also, die Menschen. Deshalb sind die Dörfer so leer.

Zaltbommel hat auch eine schöne große Backsteinkirche, die gotische ***St. Maartenskerk***, in die manche Besucher sogar ihr Fahrrad mitnehmen.

Durch den alten Park verlasse ich **Zaltbommel**, unterquere eine doppelte Waalbrücke für Autos und Bahn und folge dem asphaltierten Weg auf dem Deich. Der Deich umrundet das Naturschutzgebiet Hurwenen, das aus alten Baggerseen ehemaliger Ziegelfabriken entstanden ist.

Bei **Hurwenen** hat die Waal kaum noch Vorland. Der Deichweg ist nah am Fluss. Eine Frau sitzt auf einer Bank auf dem Deich und schaut verträumt auf den fließenden Strom. Der Weg führt zur Brücke der N 322 über die Maas, die rechter Hand fließt. Ich treffe ein paar Schulkinder. Sie brauchen für den Schulweg mit dem Rad täglich 2 Stunden hin und zurück.

Gleich hinter der Brücke biege ich rechts ab und habe einen schnurgeraden, asphaltierten Radweg vor mir und Wind im Rücken, eine gute Strecke zum „Nageln". Ich bin schneller als die Schiffe stromaufwärts und fühle mich wie ein Rennfahrer.

Hinter dem Ort **Dreumel** liegen ein paar Bagger im Strom. Sie baggern Bausand aus, erzählt mir ein schnauzbärtiger Mann mit wettergegerbter Haut. Er hat schon als Kind an der Waal gespielt. Vor zwei, drei Jahrzehnten

Waal Kinder

erlebte er, wie die Fische wegblieben. Doch seit ein paar Jahren ist das Wasser wieder sauberer. Der Graubart freut sich, wieder angeln zu können und die leckeren Fische zu räuchern.

Das Deichvorland ist wieder breiter. Nach links geht ein Weg zur Fähre nach **Tiel** auf dem nördlichen Ufer ab. „Tiel ist nicht viel", unkte ein Mann in Zaltbommel. Ich bleibe auf meiner Deichroute, unterquere eine Autobahnbrücke und streife die Orte **Beneden-Leeuwen**, **Druten** und **Deest**. Seltsames begegnet mir am Wegesrand: In einem Vorgarten steht die haushohe Statue einer Katze. Hinter einem Maschendrahtzaun beäugen mich zwei lebende Straußenvögel. Neben einer Garage kaut ein Lama. Unter Obstbäumen steht die vergrößerte Kopie des berühmten bunten Stuhls von Piet Mondrian. Es gibt auch viele Spielarten konventioneller Vorgartengestaltung wie Mühlen, Wagenräder, Brunnen und Zwerge, alles in solider, großer Ausführung, durch ständige Pflege blinkend sauber gehalten.

Geflügel im Vorgarten

Ich unterquere die Brücke der A 50 und lausche einen Moment auf das geschäftige Rauschen und Brodeln des Verkehrs. Danach wird meine Strecke wieder einsamer und nähert sich der Waal. Wieder blöken mich Schafe an. Ihre zahlreichen Haufen auf dem Weg zeigen, dass sie Hauptnutzer der Strecke sind. Auf dem Deichweg sind alle paar Kilometer Roste eingelassen, damit die Schafe nicht weglaufen. Die Roste können ohne Gefahr für das Rad überquert werden.

Rohrlandschaft vor Nijmegen

Der Schornstein einer verlassenen Fabrik lockt mich zu einem Abstecher am Ufer. Ich lande auf einem menschenleeren Schrottplatz, auf dem Rohre aller Größen in haushohen Haufen oder ordentlichen Stapeln vor sich hin rosten.

Zurück auf dem Deich, radle ich einem rauchenden Schornstein am Horizont entgegen. Er gehört zum Kohlekraftwerk von **Nijmegen**. Hier endet die lange Deichfahrt an einem Hafenbecken. Ein schwarzer Kormoran steht auf einer Duckdalbe und trocknet sein Gefieder. Am Hafenbecken entlang fahre ich zur Hauptstraße. Die Hauptstraße zum Zentrum von Nijmegen führt als Brücke am Kraft-

werk vorbei. Ich unterquere in einem Tunnel die Bahnlinien und lande auf dem Keizer Karelplatz, dem Verkehrsknotenpunkt von Nijmegen. Nach der ruhigen Deichfahrt fühle ich mich wie auf dem Times Square. Keizer Karel heißt bei uns Karl der Große. Der baute im 9. Jh. in Nijmegen eine Pfalz. Vor ihm residierten römische Feldherren im Ort, davor der urrheinische Stamm der Bataver.

Nijmegen ist als römische Festung gegründet. Mit den Römern beginnt die Geschichte vieler rheinischer Städte. Der Rhein zwischen Basel und Utrecht war die Basis der römischen Operationen in Germanien. Bis heute hat sich der Unterschied zwischen dem nobleren, ehemals römischen Ufer und der rechtsrheinischen „schäl Sick" erhalten. 2000 Jahre lang war der Rhein immer wieder Frontlinie. 1944 wurde Nijmegen schwer zerstört. Einige alte Gebäude wie die ***St. Stevenskerk*** haben überlebt oder wurden restauriert, wie die ***Stadtwage*** mit ihren knalligen schwarz-roten Fensterläden.

Nijmegens Hügel machen sich bemerkbar: Ich trete bergauf, um zum ***Valkhof*** zu kommen. Hier zeugen einige Mauern in einem Park von den Burgen Karls des Großen und Barbarossas. Ich freue mich an der Aussicht auf die Waal mit der schönen ***Brücke***, die dank des Mutes des 14-jährigen Jan van Hoof den Krieg überstand. Die Nazis hatten die Brücke 1944 mit Dynamit zur Sprengung präpariert. Hoof kroch unter die Brücke und machte den Sprengstoff unschädlich. Er wurde von den Nazis getötet. Eine in die Brücke eingelassene ***Gedenktafel*** erinnert an ihn.

Waalbrücke in Nijmegen

Am Waalufer liegt das ***Fahrradmuseum Velorama***, das mit 250 erstaunlichen Exponaten die Geschichte des Fahrrads dokumentiert. Unklar bleibt allerdings, warum die Holländer ihr Lieblingsgefährt „Fiets" nennen. Vielleicht nach einem Händler gleichen Namens, lautet eine Theorie.

Auf meinem Streifzug lande ich in Hafennähe an einem merkwürdigen ***Denkmal***. Durch ein Loch in einem drei Stockwerke hohen Steven aus Beton kann ich den Himmel betrachten. Die Inschrift verrät mir, dass das Denkmal an den Sohn der Stadt, ***Joris Ivens***, erinnern soll. Ivens ist ein bedeutender Dokumentarfilmer aus den 30er und 40er Jahren. Er wurde berühmt mit seinen Filmen über

Wasser und Flüsse. Joris Ivens ist mein Seelenverwandter. Wo immer er war, sagt die Inschrift, dachte er an seine Jugend. Einen Steinwurf entfernt stehen Jugendliche in der ***Puffstraße*** und beglotzen feixend die Huren. Der Puff ist, typisch holländisch, nicht versteckt, sondern Teil einer normalen Wohnstraße.

„Was für hübsche Mädchen", schwärmt ein älterer Herr bei einem Klönschnack mit seiner Nachbarin. „Jedes Mal, wenn ich vorbei geh, juckt mein Portemonnaie und ich habe wieder 100 Gulden gespart." Gucken kostet nichts. Ich möchte mich mit einer Hure über die Romantik am Rhein unterhalten. Aber die Dame vertreibt mich mit deutlichen Worten. Eine Kamera will sie hier nicht sehen.

Am Joris Ivens Denkmal

Ausflug

Ausflug nach Groesbeek. Im 10 km entfernten **Groesbeek** ist das ***Befreiungsmuseum*** zu besichtigen. Hier wird mit eindrucksvollen Installationen, Filmen und Exponaten die Zeit der deutschen Besatzung und der alliierten Befreiung dargestellt.

Auf einem nahe gelegenen ***Soldatenfriedhof*** erinnert ein weites Feld weißer Kreuze daran, wie blutgetränkt dieser Boden ist. An einer Gedenkwand sind die Namen der Flüsse Seine, Marne, Schelde, Maas, Rhein und Elbe eingraviert. Das sind die Etappen auf dem Vormarsch der Alliierten nach Deutschland 1944/45. Wer den Fluss beherrscht, dem gehört das Land.

Befreiungsmuseum Groesbeek

Niederrhein

An der deutsch-holländischen Grenze liegt die Flussscheide, an der sich der Rhein in Waal, Nederrijn, Ijssel und ein Dutzend weiterer Mündungsarme mit immer neuen Namen verzweigt. Auf deutscher Seite beginnt hier der Niederrhein.
Die Strecke führt über Deichwege und wenig befahrene Alleen zu den alten Städten Kalkar und Xanten. Danach rücken immer gewaltigere, imposantere Industrieanlagen ans Rheinufer. Unbeeindruckt von den rauchenden Schloten, wiederkäut das Vieh und radeln erholungsbedürftige Menschen durch die Wiesen und auf den Rheinpromenaden. In Duisburg weckt ein Ausflug durch die Hafen- und Fabrikanlagen wehmütige Erinnerungen an betriebsamere Zeiten der Schifffahrt.
Wohingegen das schicke Düsseldorf, eine Etappe weiter, eine ebenso geschäftstüchtige wie kunstsinnige Metropole ist.
Nach einem Ritt durch einsame Rheinwiesen, erreicht der Rheinradler schließlich das köstliche Köln, seit zwei Jahrtausenden die eigentliche Hauptstadt des Rheins.

Waal
Millingen
Rijnwaarden
Gendringen
Dinxperlo
0
6 km
A3
Nijmegen
NEDERLAND
DEUTSCHLAND
NSG
Altrhein
Rhein
Emmerich
Issel
Isselburg
B220
Rindern
Groesbeek
Kleve
B57
Schloss Moyland
Kernwasser
Wunderland
A3
Rees
A73
Bedburg-
Hau
Kalkar
Sint
Agatha
Maas
Niers
Rhein
Gennep
Nordsee
Goch
A57
B57
A73
Uedem
Boxmeer
Xanten
A57

Tour 4

Vom Wunderland und sagenhaften Gestalten

Von Nijmegen nach Xanten

Der Übergang von Holland nach Deutschland passiert unmerklich. Erst wenn man in Kleve deutsch hört, weiß man, dass man das Land gewechselt hat. Auf dieser Strecke gibt es noch einmal Natur pur, Deiche, Wiesen und Wälder. Und dazu bietet der Niederrhein Kultur en masse. Beuys und durch ihn inspirierte aktuelle Kunstwerke sind zu besichtigen neben 2 000 Jahre alten Artefakten in Xanten. Als Schmankerl des Wahnsinns sollte man nicht versäumen, die erste, jüngste und vermutlich teuerste Ruine am Rhein zu besuchen: den ehemaligen „Schnellen Brüter" in Kalkar, der heute als „Kernwasser Wunderland" firmiert.

Unter dem Brückenbogen der Waalbrücke von **Nijmegen** beginnt die Fahrt Richtung Deutschland. Links fließt die Waal, vor mir ein kleiner Kanal, eine Rechtskurve, 300 m lang dem Kanal folgen, bis zu einer Brücke. Hier biegt die Route links ab und folgt der schmalen Straße durch ein ruhiges Naturschutzgebiet Richtung **Groenlanden**.
Holland zeigt sich noch einmal von seiner schönsten Seite: Weite Wiesen mit Kühen und Schafen, im Süden begrenzt durch bewaldete Hügel und im Norden durch den Strom, von dem keiner genau weiß, ob er hier Waal oder Rhein heißt. Gleich hinter dem Hauptdeich laden Baggerseen zum Baden ein.
Gut versteckt zwischen Weidenbäumen finden sich im weiteren Verlauf immer wieder Erinnerungen an einen Krieg, der nie stattfand: Die Bunker der Ijssel-Linie. Zwischen Waal und Ijssel lag in der Nato-Strategie der 50er Jahre eine gedachte Front, an der ein kommunistischer Angriff zurückgeschlagen werden sollte. Heute schieben hier Enten und Frösche Wache, und die Lerchen jubilieren über den Sieg der Natur in diesem wunderschönen Gebiet.
Die schmale Straße führt am Dorf **Erlecom** vorbei. Das Vorland wird nun breiter. Auf den Seen sammeln sich Wildgänse. An der Kirche von **Kerkedom** gibt es die Möglichkeit, geradeaus direkt nach Millingen zu fahren.

Strand gut

Ausflug

Abstecher durch die Millinger Waard. Ich entscheide mich für die 4 km lange Route durch die Auwälder und Wiesen der **Millinger Waard** – für eine weite Strecke die letzten befahrbaren Flecken ungezähmter Natur. Der Weg führt durch einen dichten Wald aus Weichhölzern: Tannen, Fichten, Pappeln und Espen. An manchen Tümpeln stehen Beobachtungshäuschen, von denen aus man sehen kann, wie die Wasservögel ihre Tage verbringen. In Rheinnähe endet der Wald. Der Schornstein einer alten Ziegelei überragt die Bäume. Auf den Wiesen grast eine Herde Pferde. Im Hintergrund ziehen die Schiffe stromauf und stromab. Dem Flusslauf folgend, komme ich nach **Millingen**.

Auf dem Rijndijk geht's an der zum „Koffie, Eet & Pannekoekenhuis de Gelderse Poort" umfunktionierten Zollstelle vorbei zur deutschen Grenze – lediglich erkennbar an einem typisch deutschen Schild, das Hunden das Betreten des Deichweges verbietet, der nun nicht mehr asphaltiert, sondern mit holperigen Betonsteinen gepflastert ist. Auf Wiedersehen, Radfahrparadies Holland.

Die Route führt vom Hauptstrom fort, mal am Deichfuß, mal auf der Krone des Deiches, an einem alten Rheinarm entlang. Am Anlegeplatz der Fähre nach Schenkenschanz komme ich mit einem Seniorenpaar ins Gespräch. Der Mann war 33 Jahre lang Krankenpfleger in der psychiatrischen Klinik Bedburg Hau bei Kleve. Im gemütlichen Singsang der niederrheinischen Mundart berichtet er von seiner Heimat, dem Niederrhein, wo „die Menschen ehrlich, arbeitsam und zielstrebig und in der Mehrzahl prozentual katholisch sind". Aber der Glaube nimmt in der heutigen Zeit durch den Wohlstand ab, bedauert er. Andererseits nimmt durch die Schließung von Fabriken der Wohlstand ab. Er erinnert sich an die Hochwasser von 1993 und '95, als das Wasser durch die Deiche sickerte, weil sie von Kleingetier durchlöchert waren. Danach wurden die Deiche neu aufgeschüttet, erhöht und verbreitert. Die Konstrukteure und der Sand kamen aus Holland, wie schon seit Hunderten von Jahren.

Die fröhlichen Niederrheiner

Hinter **Düffelward** biege ich in die baumgesäumte Nebenstraße Drususdeich am Gutshof Hogefeld vorbei nach **Rindern**, passiere in Rindern die neugotische St. Wilibrodkirche und die barocke Wasserburg, trete weiter durch den Park bis zur Hauptstraße Landwehr.

Nun bin ich in **Kleve**, der Schwanenstadt. Der Sage nach stammt aus Kleve eine Prinzessin Beatrix, die sich in den Jüngling Helias verliebte, der in einem von einem Schwan gezogenen Nachen auf dem Rhein schipperte. Der Jüngling erwiderte die fürstliche Liebe und heiratete Beatrix unter der Bedingung, dass sie ihn nie nach seiner Herkunft fragen dürfe. Drei Kinder wurden geboren. In einem unbedachten Moment fragte Beatrix: „Herr, solltet Ihr euren Kindern nicht sagen, von wannen Ihr gekommen seid?" Der Schwanenritter verschwand auf der Stelle. Seitdem haben die Klever Herzöge den Schwan zu ihrem Wahrzeichen erhoben.

Nach wenigen Metern in östlicher Richtung auf der Landwehr biege ich rechts in die Wasserburgallee ab, überquere Bahngleise und erreiche die Tiergartenstraße. An der Tiergartenstraße liegen die gepflegten Parkanlagen, die seit drei Jahrhunderten gerühmt werden. Ein schöner Platz, um zu rasten oder weiter durch den Forstgarten mit altem Baumbestand spazierenzufahren. Wer Lust auf Tiere hat, findet in diesem Park einen ***Zoo***, der sich auf die Wildformen unserer Haustiere spezialisiert hat. In einer Streichelabteilung kann man den Tieren ans Fell gehen.

An der Tiergartenstraße 41, 100 m westlich von der Wasserburgallee, liegt das ***Museum Kurhaus Kleve***. Es präsentiert eine hochgelobte und vielfältige Sammlung von Kunstwerken vom Mittelalter bis zur Moderne, unter anderem Gruppen mittelalterlicher Holzskulpturen vom Niederrhein sowie eine herausragende Kollektion frühneuzeitlicher Graphik, die Sammlung Angerhausen. Besonders hervorzuheben ist der Nachlass des rheinischen Künstlers Ewald Mataré (1887–1965), der ein Lehrer von Joseph Beuys war. Ein Atelier von Beuys ist ebenfalls Teil der Ausstellung. Abschließend genieße ich im Museums-Café Moritz auf der Dachterrasse bei Kaffee und Kuchen den Ausblick auf den Park.

Museum Kurhaus Kleve

Wieder im Sattel, fahre ich die Tiergartenstraße in östlicher Richtung und erreiche das Stadtzentrum. Kleve wird überragt von der barocken ***Schwanenburg***, in der sich eine sehenswerte geologische Sammlung, eine Fotogalerie und Behörden befinden. Vom Schwanenturm hat man eine herrliche Aussicht auf die weite niederrheinische Landschaft. Kleve ist eine Kreisstadt mit 50000 Einwohnern. Obwohl sie im Krieg viele ihrer alten Bauten verloren hat, ist die Atmosphäre der Stadt sehr leben-

dig. Auch Joseph Beuys hat sich hier wohl gefühlt. Und nachts tummeln sich in der Fußgängerzone die Jugendlichen vor einem berühmten Schnellrestaurant. Ich gerate in die Bauchtanzgruppe der Volkshochschule, die ihre Sommerparty feiert.

Sommer in Kleve

Aus **Kleve** heraus führt der Weg den Wegweisern der Via Romana folgend, auf der Nassauerstraße an der Cupidosäule vorbei bis zur Uedemer Straße. Hier links eine leichte Steigung am Sternburg-Park entlang fahren. Nachdem es wieder abwärts geht, liegt auf der linken Straßenseite hinter hohen Bäumen versteckt das ***Moritzgrab***. 1678, ein Jahr vor seinem Tod, ließ sich der Landesfürst hier ein Denkmal mit Nachbildungen antiker Altäre bauen.

Kurz vor einem Gestüt biegt der Radweg rechts ab, einen Waldweg hoch, nach 1 km lande ich auf der Landstraße nach **Bedburg-Hau,** fahre bis zur Bahnlinie, folge nicht mehr den Via Romana-Schildern, sondern halte mich hinter der Bahnlinie links und radle durch den schattigen Park der Rheinischen Kliniken.

Das Haus 6 heißt ***ArToll*** und ist ein „Kunstlabor", in dem „normale" Künstler verschiedener Disziplinen arbeiten und ausstellen. Ich streife durch die hohen Räume der Villa und darf den Künstlern über die Schulter gucken. Eine Künstlerin näht Stoffgebilde aus knallrosa Tüll, ein anderer schnitzt Objekte aus Schaumstoff, wieder andere spielen im Garten Volleyball. Der Ort sei eine Insel inmitten einer Insel. In dieser Ruhe entsteht Energie, Bewegung, Dialog, ein Prozess ständiger Entwicklung. Nach der dreimonatigen Laborphase kehren die Künstler in ihre heimatlichen Ateliers zurück und machen Platz für andere Künstler.

Am Ausgang der Klinik, an der Straße Alte Bahn, geht es rechts nach ***Schloss Moyland***. Wer weiter im Grünen radeln will, fährt wenige Meter zur St. Markus Kirche und folgt den Wegweisern der Via Romana durch den Schneppenbaum. Ich brauche vor den nächsten Kunstobjekten Bewegung und trete 5 km die Landstraße herunter, bis zum Wegweiser links nach Schloss Moyland.

Moyland ist ein Juwel am Niederrhein. Hier wird in historischer Architektur und in einem prächtigen Park eine sehr individuelle Sammlung moderner Kunst gezeigt, deren Mittelpunkt das von den Kunstsammlern, den Brüdern van der Grinten, zur Verfügung gestellte Joseph-Beuys-Archiv ist. Ich beginne mit einem Spaziergang durch den Park mit mächtigen alten Eichen, üppigen Staudenbeeten und einem mittelalter-

Kunstschloss Moyland

lichen Kräutergarten. Die pralle Natur wird konterkariert durch Skulpturen des 20. Jh., etwa ein blauer Lattenturm, ein riesiges Holzpferd oder ein tischgroßes Buch aus Marmor. Im roten Backsteinschloss wird die Kunst in ungewöhnlicher Weise präsentiert. Die Bilder hängen Rahmen an Rahmen auf der gesamten Wandfläche verteilt. Das Auge wandert oder springt von Bild zu Bild. Kein Schild mit Namen und Titel am Rahmen lenkt vom unmittelbaren Eindruck ab.
Wie im Park, lasse ich mich durch die fünf Etagen mit Bildern und Skulpturen treiben. Nirgendwo sonst hängen so viele Exponate von Joseph Beuys. Mich beeindrucken besonders die spannungsvollen Graphiken. Die Brüder van der Grinten waren mit Beuys befreundet und kauften 1951 seine ersten Arbeiten. 10 000 Beuys-Werke befinden sich heute auf Moyland. Das Archiv ist jedermann nach Anmeldung zugänglich.

Von Moyland nach **Kalkar** gibt es einen direkten Weg auf der B 57. Ich ziehe die 3 km längere Route über **Till** vor. In Till biege ich nach rechts auf die Landstraße nach Kalkar. Kalkar ist eine alte Hansestadt, einst berühmt für seine Biere und Wolle. Auf dem großen Marktplatz setze ich mich ins Café Nederkorn und betrachte die alten Kaufmannshäuser, die Gerichtslinde und das prächtige rote ***Rathaus***. Es ist das größte gotische Rathaus im Rheinland. Neben dem Platz liegt die frisch restaurierte ***Nicolaikirche*** mit weltberühmten Schnitzaltären. Hinter dem Rathaus befindet sich an der Ecke Hanselaer Straße in einem alten Patrizierhaus ein Heimatmuseum, das ein Exemplar des Sachsenspiegels besitzt. Es ist das älteste und bedeutendste Rechtsbuch in deutscher Sprache, geschrieben 1224–1235 vom Rechtsgelehrten Eike v. Repgow.
Zwei Straßen weiter geht es am Mühlenstege zur ***Lohwindmühle***. Hier wird noch Korn gemahlen, gebacken und sogar Bier gebraut. Hingehen und probieren!

Ich verlasse **Kalkar** auf der Hanselaer Straße. Um mich herum weite Felder und Äcker, gemütlich kauende schwarz-weiße Kühe, Baumgruppen, lange Zeilen mit Kopfweiden.
Schon bald erscheint am Horizont ein massiger Kühlturm, bemalt mit

einem Alpenmotiv. Der ehemalige ***Schnelle Brüter Kalkar*** ist mir einen Besuch wert. Kurz bevor die Hanselaer Straße in die Rheinstraße mündet, biege ich den Via Romana-Schildern folgend links in eine kleine Straße, die mich zum ehemaligen Atomkraftwerk führt, das mir unübersehbar vor Augen liegt. Aus dem geplanten Schnellen Brüter ist der Freizeitpark ***Kernwasser Wunderland*** geworden.
Nachdem 8 Milliarden DM verbaut worden waren, wurde das nukleare Projekt 1991 eingestellt, bevor der Reaktor in Betrieb genommen wurde. Der holländische Unternehmer Hennie van der Most kaufte 1995 Deutschlands teuerste Ruine für 5 Millionen DM, um ein Freizeit- und Tagungszentrum zu errichten. Nun stehen zwischen den monströsen bunkerähnlichen Gebäuden Karussels, Wasserrutschen und Sportanlagen. In den Gasthäusern reihen sich die Besucher an meterlangen Tresen ein. Sie sind meistens Pauschalreisende und greifen kräftig zu: Torten, Biere, Wurst, alles was schmeckt und Kalorien hat. Und für die Kinder Cola und Fritten frei. 3000 Betten soll die Anlage einmal haben. Bei einer Führung durch das Gelände erfahre ich, dass die Gebäude sogar Flugzeugabstürze, Bombenangriffe oder explodierende Rheindampfer überstehen würden. Leider ist der eigentliche Reaktorteil nicht mehr zu besichtigen. Zu vielen wurde in dieser unheimlichen Zone schlecht, obwohl sie nie radioaktiver Strahlung ausgesetzt war.

Vom AKW zum Spielplatz

Wieder am Ausgang von „Kernwasser Wunderland", fahre ich nach links durch **Hönnepel**. An einem Bauernhof erinnern noch verblasste Wandgemälde an die Demonstrationen der Atomkraftgegner.

Hinter **Hönnepel** geht der Via Romana-Radweg links nach Mühlenfeld, schnurgeradeaus durch die Felder, die B 67 überquerend, nach **Obermörmter** und weiter auf dem schönen Deichweg nach **Vynen**. Hier erreiche ich zwei Seen, die die Xantener ***Südsee + Nordsee*** nennen. Wer eine Radelpause einlegen will, kann mit dem Tretboot fahren oder ein Segelboot mieten.
Auf der Rheinseite umrunde ich den Südsee, auf dem sich Wasserskifahrer an Drahtseilen ziehen lassen. Links passiere ich das Dorf Wardt und rechts den nächsten See mit dem Nibelungenbad, einem schönen Strandbad. Immer wieder tauchen wie zwei spitze Hüte

die Türme des Doms von **Xanten** auf und weisen mir die Richtung. Zur Rechten, hinter einer langen, 5 m hohen Mauer mit Wachttürmen liegt der ***Archäologische Park Xanten***. Xanten war römische Garnisonsstadt und lag vor 2000 Jahren direkt am Rhein, jetzt einen Kilometer entfernt. Im Park sind Tempelruinen, ein Stadttor, ein Amphitheater und eine rekonstruierte Taverne zu besichtigen. An einer Tankstelle überquere ich die B 57 und erreiche die Xantener Stadtmauer. Ich orientiere mich weiter an den Spitzen der Domtürme und lande auf dem Marktplatz.

Xanten ist für den Rheinreisenden ein wichtiger Ort. Hier wird die Dimension der römischen Präsenz am Rhein sichtbar. Hinter den Mauern der Colonia Ulpia Traiana, wie Xanten vor 2000 Jahren hieß, waren die Legionen stationiert, die in der Schlacht im Teutoburger Wald untergingen. Bis zum 4. Jh. kämpften Germanen und Römer um die Stadt, dann zogen sich die Römer zurück. Der Sage nach wurde Siegfried, der Nibelungenheld, in Xanten geboren und soll in den römischen Ruinen gespielt haben, bevor er auszog, Drachen zu töten. Zur gleichen Zeit starb ein römischer Legionär und Christ den Märtyrertod. Ihm zu Gedenken wurde eine Kapelle erbaut, aus der der Dom St. Viktor entstand. Der Name Xanten stammt ab von „ad sanctos", zu den Heiligen.

Die Arbeiten am ***Dom*** wurden 1180 begonnen und nach etwa 350 Jahren Bauzeit vollendet. Der Innenraum ist harmonisch und wohl dimensioniert. Die reiche Ausstattung enthält Meisterwerke der spätgotischen Schnitzkunst. Das Rankenwerk der Wurzel Jesse am Sockel des Altars ist atemberaubend. Die Schätze des Doms wurden vor den Zerstörungen des Zweiten Weltkriegs bewahrt. Der Dom leider nicht. Wer die Fotos von seiner Zerstörung sieht, die im Dom aushängen, kann kaum glauben, dass dieses Meisterwerk wieder erstanden ist. Xanten ist zu Fuß gemütlich zu erkunden. Viele Wasserpumpen stehen an den Häusern. Zur Wasserversorgung gehörten Pumpennachbarschaften, die bis heute gepflegt werden. Nahrhaft ist ein Besuch der ***Kriemhildsmühle*** am Ende der Brückstraße, die erst in jüngerer Zeit in Referenz zur Nibelungensage so benannt wurde. Ende des 18. Jh. wurde ein Wachturm in der Stadtmauer zu der Mühle umgebaut. Hier wird ökologisches Getreide gemahlen und lecker verbacken.

Siegfrieds Spielplatz

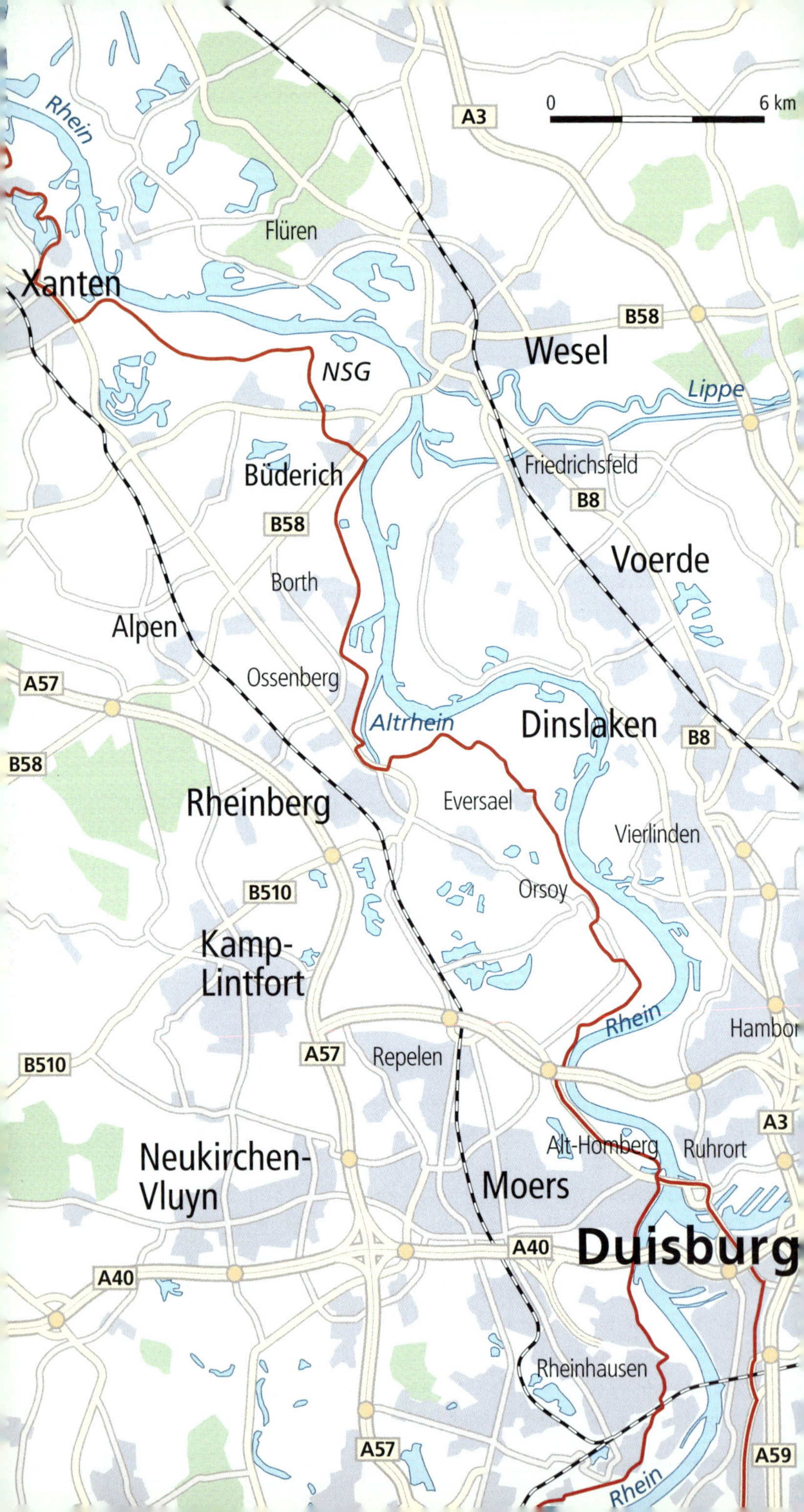

0
6 km
Rhein
A3
Flüren
Xanten
B58
Wesel
NSG
Lippe
Friedrichsfeld
Büderich
B8
B58
Voerde
Borth
Alpen
Ossenberg
A57
Altrhein
Dinslaken
B8
B58
Rheinberg
Eversael
Vierlinden
Orsoy
B510
Kamp-
Lintfort
Rhein
Hambor
B510
A57
Repelen
A3
Alt-Homberg
Ruhrort
Neukirchen-
Vluyn
Moers
A40
Duisburg
A40
Rheinhausen
A57
A59
Rhein

Tour 5

Durch grüne Wiesen ins schwarze Venedig

Von Xanten nach Duisburg

Diese Etappe ist geprägt von sanftem Gleiten durch die Naturschutzgebiete des linken Rheinufers. Viele Bewohner der umliegenden Städte nutzen sie als Naherholungsgebiete, machen Ausflüge mit Sonnenschirm und Picknickkorb und genießen die Blicke von den Wiesen auf den geschäftigen Rhein. Und wenn es zu heiß wird, kann man die Füße ins Rheinwasser tauchen. Am Ende der Etappe erwarten mich wieder kulturelle Highlights in und um Duisburg.

Xanten verlasse ich über die B 57 in südwestlicher Richtung und biege beim Ortsteil Beek links zur Rheinfähre ab. Die Fähre ist die Verbindung zum Erholungs- und Naturschutzgebiet der Karthäuser Grav-Insel am rechten Rheinufer. Das ***Fährhaus*** ist ein beliebter Ausflugsort am Ufer. Man kann hier essen und trinken und sonntags sorgt eine Kapelle für Ferienstimmung. Ich fahre rechts auf dem Radweg der Römerroute R 17 durch das Naturschutzgebiet der Bislicher Insel, erreiche nach 5 km hinter **Werrich** das Dorf **Perrich**. Geradeaus führt der Weg auf die andere Rheinseite nach **Wesel**.

Frühschoppen am Fährhaus

Auf der linken Rheinseite fahre ich in **Perrich** rechts den R 17-Schildern nach, überquere die Landstraße und folge der R 17 bis zum Ortsrand **Büderich**. Hier verlasse ich die ausgeschilderte Strecke, fahre auf der Landstraße links zur Ortsmitte von Büderich und geradeaus weiter, bis ich den Rheindeich bei einem Ausflugslokal erreiche. Nun geht's rechts weiter auf dem Deich mit schöner Aussicht auf den Strom. Der Weg führt durch das Naturschutzgebiet Pottdeckel bis zu einer Bahnlinie. Dort folge ich den Schienen nach links, biege nach 1 km rechts Richtung **Ossenberg** ab, bis hin zu einem lauschigen Altrheinarm. Doch links von der Straße dampft zum ersten Mal auf der Tour ein Industriewerk. An dem alten Rheinarm radle ich bis zur B 57, biege hier links auf die Bundesstraße. Rheinberg lasse ich links liegen und folge der Umgehungsstraße. Nach ca. 2 km biegt der Radweg links ab und führt wieder durch

Die Hansestadt Wesel

Denkmal für den Käufer Manhattans

Die Hansestadt Wesel hat eine bewegte Geschichte hinter sich. Sie war im 14. und 15. Jh. die wichtigste Hafenstadt des Herzogtums Kleve. Die wohlhabenden Bürger ließen im 15. Jh. den spätgotischen Willibrordidom errichten, der letzte große Dombau im Rheinland, der durch seine stilistische Reinheit und Schlichtheit beeindruckt. Die Stadt trat 1540 der Reformation bei. Im 17. Jh. wurde sie zur Festung umgebaut und war in jedem folgenden Jahrhundert Schlüsselpunkt militärischer Operationen. Zuletzt konzentrierten sich hier im Februar und März '45 die alliierten Truppen und setzten unter Führung Eisenhowers nach Wesel über. Die Stadt war völlig zerstört, „überbombt" wie es hieß, denn die Trümmer behinderten den weiteren Vormarsch der Alliierten.

Wesel hat eine besondere Beziehung zu Amerika. Peter Minuit, der Sohn eines holländischen Glaubensflüchtlings und Diakon der Willibrordikirche, segelte 1619 nach Nordamerika. Im Dienste der Amsterdamer Westindien Compagnie erforschte er den Hudson und kaufte den Indianern 1626 die Insel Manhattan für 60 Gulden ab. Er wechselte später in schwedische Dienste und starb 1641 auf See. Im New Yorker Financial District wurde nach ihm die Peter Minuit Plaza benannt, und in der Moltkestraße beim Bahnhof Wesel befindet sich ein Denkmal für ihn.

Ganz in der Nähe, in der Brandstraße, steht der ***Wasserturm****, ein technisches Museum, von dem man einen guten Blick auf die Stadt und den Dom hat. Sehenswert ist auch die Zitadelle, die größte erhaltene Festung am Rhein. In der Nähe liegt das* ***Preußenmuseum****, in dem der Einfluss Preußens auf das Rheinland und Westfalen dokumentiert wird.*

ein Naturschutzgebiet an den Rhein. Mal auf der Krone des weiten Deiches, dann auf kaum befahrenen Straßen durchquere ich **Eversdael**, **Drießen** und **Orsoy** bis nach **Binsheim**.

Der Radweg verlässt die Landstraße, die rechts nach Baerl geht, und führt weiter geradeaus durch die Felder. Die gepflegten Radwege sind an schönen Wochenenden stark befahren. Auf der rechten Rheinseite befinden sich auf gleicher Höhe Industrieviertel von Duisburg, während hier ländliche Idylle herrscht. Die Route streift **Baerl** und führt nahe ans Ufer. Auf den Bänken der ***Promenade*** gönnen sich die Ausflügler eine Pause und begutachten die vorbeiziehenden Schiffe. Ich unterquere die dicht befahrene rote Brücke der A 42, bleibe noch auf der Rheinpromenade, bis der Weg für etwa 1 km an der Straße entlang führt. Danach fahre ich wieder an den ***Rheinwiesen*** entlang. Ich überquere eine Brücke über einen Kanal, die einen schönen Ausblick auf ein Duisburger Hafenbecken bietet. Aller Industrie zum Trotz, werfen hier bei jedem Wetter Angler ihre Ruten in die Fluten. 100 m weiter erreiche ich die Friedrich-Ebert-Brücke, die **Homberg** mit Duisburg-Ruhrort verbindet.

Riviera am Rhein

Die Friedrich-Ebert-Brücke ist ein guter Startplatz, um den größten Binnenhafen Europas zu besuchen. Sie bringt mich nach **Duisburg-Ruhrort**. Am Ende der Brücke fahre ich rechts, vorbei am ***Pegel Ruhrort***, bis zur Spitze der Landzunge, wo die Ruhr in den Rhein mündet. Mit Containern hoch beladene Schiffe stemmen sich gegen den Strom. Auf dem Dammweg fahre ich zurück in den Ort. „Hier ist nichts mehr los", sagt ein sportlicher Radfahrer Anfang 60. Er ist Rentner. Jeden Tag muss er mindestens seine 100 km fahren, in 41/2 Stunden, sonst dreht er durch. „Als es die Schifffahrt noch gab, war hier was los in der Altstadt, mit allen Schikanen, in jeder Kneipe Musik, und dann die singenden Mädchen …" An der ***Trinkhalle*** am St. Maximilianplatz treffe ich ein paar Helden der Arbeit, bärtig, mit Koteletten, in Lederjack oder rotem Samtjacket, qualmend, Bier oder

Rhein im Revier

Jazz und Comedy in Moers

Wäre es Pfingsten, könnte man nach Moers abbiegen, um das ***Jazzfestival*** *zu besuchen. Seit mehr als 30 Jahren treffen sich Elite und Neuentdeckungen des Jazz in Moers.*

Comedy Arts Festival in Moers

Man fährt die Brückenauffahrt bis zu Ende, überquert die Rathenaustraße, folgt der Lauerstraße etwa 1 km, biegt nach rechts in die Moerser Straße, die in die Homberger Straße übergeht, bis man bei der Augustastraße links abbiegt und geradeaus bis zum Veranstaltungsort fährt. Das Festival findet im Freizeitpark statt.

Auch während der Sommerferien bietet Moers einen kulturellen Höhepunkt. Auf dem ***Comedy Arts Festival*** *gibt es etwas zu lachen. Beim ältesten deutschen Festival dieser Art sorgen Comedy-Stars aus aller Welt mit Sprachwitz, Performances, Akrobatik und Musik jedes Jahr für eine ganz besondere „Sommerfrische". Das Festival findet auf dem Kastellplatz in Moers statt.*

Moers ist auch ohne Festivals einen Ausflug wert. Sehenswert ist die liebevoll restaurierte Altstadt und das ***Moerser Schloss*** *mit seinem Park im Stil des Englischen Gartens mit seltenen alten Bäumen.*

Die Rheinroute lässt sich von Moers fortsetzen. Die Strecke führt beim Stadtteil Vinn über die Autobahn A 40, durch den Ort ***Schwafheim*** *zum Erholungsgebiet Toeppersee. Von hier sind es noch 4 km bis* ***Friemersheim,*** *wo sich die linksrheinische Hauptstrecke in den Auwiesen fortsetzt.*

Kaffee mit Schuss trinkend. „Wenn einer vor 30 Jahren gesagt hätte, dass die Schifffahrt mal kaputt geht, den hätten sie ins Irrenhaus gesteckt", sagt ein blonder 50-Jähriger. Er ist der einzige an der Bude, der einen Job hat. „Geh malochen. Ich will meine Rente behalten", flachst ein Kumpel. „Wer kann sich heute noch was leisten. Urlaub ist nicht drin", sagt der Blonde grimmig. Und wer hat Schuld?

Ein paar Ecken weiter zeigt das ***Museum der Deutschen Binnenschifffahrt*** die technische Evolution vom Einbaum bis zum Schubschiffverband. Viele detailgenaue Schiffsmodelle, Multimediapräsentationen und zwei Museumsschiffe geben einen lebhaften Eindruck von der Schifffahrt einst und jetzt. Ruhrort war im 14. Jh. eine Rheinzollstelle. Seit 1674 gibt es einen regelmäßigen Schiffsverkehr zwischen Duisburg und Nijmegen. 1712 wurde die erste Schiffswerft Duisburgs eröffnet. Noch gilt „Duisport" als größter Binnenhafen der Welt. Vielleicht treffen Sie dort Götz George, der da seine Schimanski-Krimis dreht.

Politisches Forum Trink Halle

Ich fahre noch eine Runde an den Hafenbecken entlang. Leere Gleisanlagen, Kohlenhalden, auf denen Birken sprießen, einsame Straßen und plötzlich ein pulsierender Containerhof. Doch auch hier klagt ein Brummifahrer: „Es geht nur noch um Termine. Wie du das schaffst, ist denen egal."

Über die Ruhrorter Straße fahre ich in die Innenstadt. An der Schwanentorbrücke ist die Abfahrtstelle für die Hafenrundfahrtschiffe. Linker Hand das massige Rathaus, die ***Salvatorkirche*** und das ***Stadthistorische Museum***. Das ***Mercator-Denkmal*** vor dem Rathaus und die ***Mercator Schatzkammer*** im nahen Museum erinnern an den Begründer der modernen Kartographie. Am Ende der Schwanenstraße beginnt die Fußgängerzone, in deren Mitte sich eine knallbunte, dralle Brunnenfigur von Niki de Saint Phalle dreht: ***Frau Lifesaver***. Kunstfreunde können in Duisburg zwei starke Sammlungen besichtigen. In der ***Küppersmühle*** werden Nachkkriegskünstler wie Baselitz, Immendorf und Polke ausgestellt. Im ***Wilhelm-Lehmbruck-Museum*** ist das Lebenswerk des Bildhauers Wilhelm Lehmbruck zu sehen. Außerdem wird eine hochgelobte Sammlung internationaler moderner Skulpturen ausgestellt.

Von der Industrie- zur Museenstadt

In Duisburg zeigt sich deutlich das Streben nach einem kulturellen Ambiente, um das sich viele Städte bemühen, die einst industrielle Schwerpunkte waren.

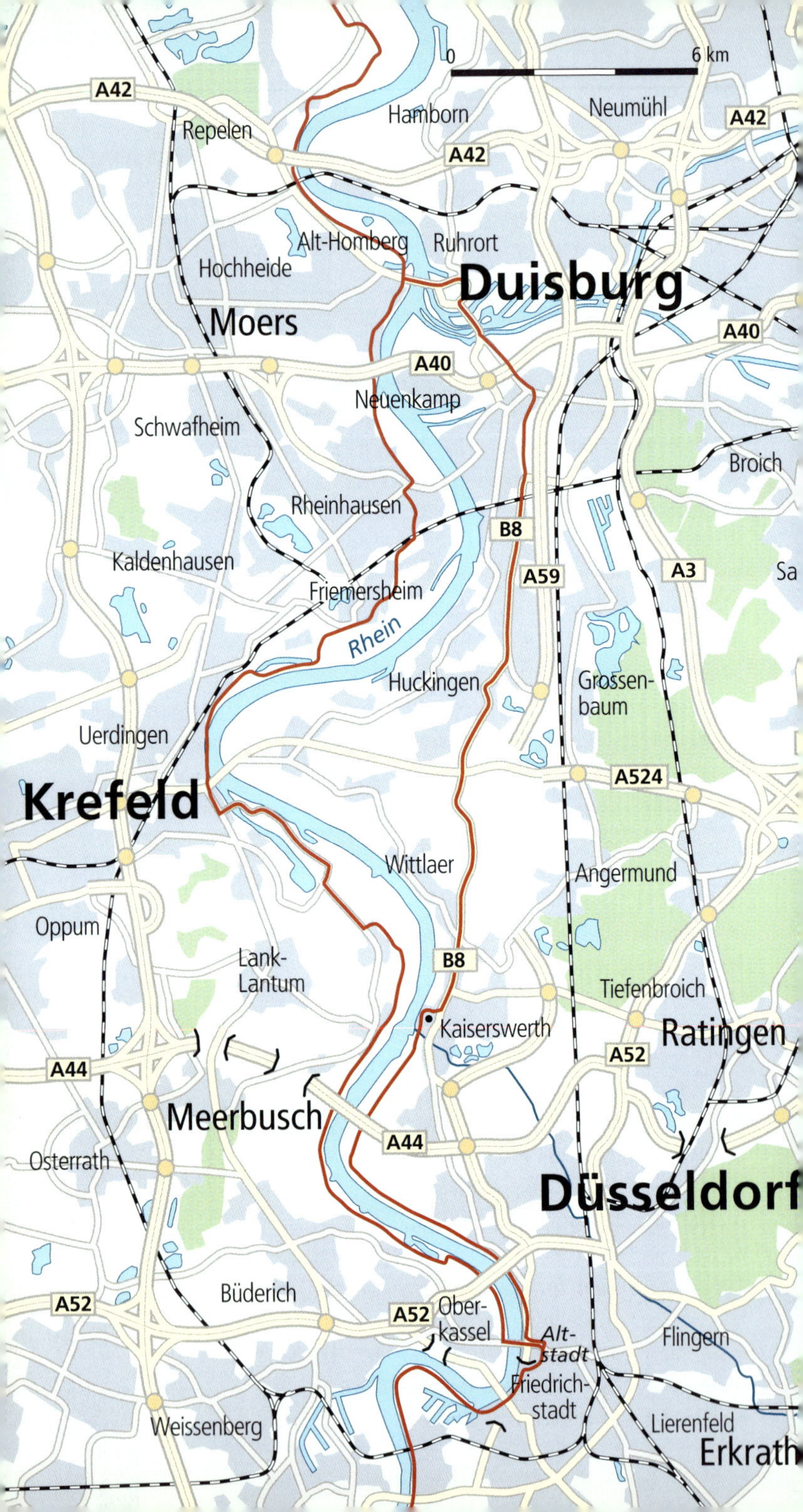
0
6 km
A42
Repelen
Hamborn
Neumühl
A42
A42
Alt-Homberg
Ruhrort
Hochheide
Duisburg
Moers
A40
A40
Neuenkamp
Schwafheim
Broich
Rheinhausen
B8
Kaldenhausen
A59
A3
Sa
Friemersheim
Rhein
Huckingen
Grossen-
baum
Uerdingen
A524
Krefeld
Wittlaer
Angermund
Oppum
Lank-
Lantum
B8
Tiefenbroich
Kaiserswerth
Ratingen
A52
A44
Meerbusch
A44
Osterrath
Düsseldorf
Büderich
A52
A52
Ober-
kassel
Alt-
stadt
Flingern
Friedrich-
stadt
Weissenberg
Lierenfeld
Erkrath

Tour 6

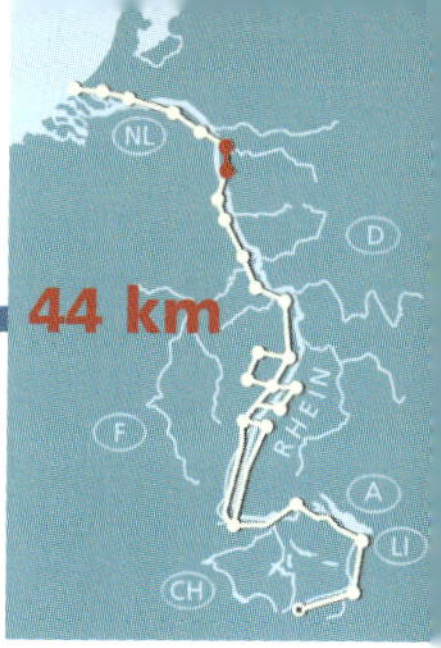

Aspirin und Altbier

Von Duisburg nach Düsseldorf

Diese Etappe kann auf beiden Rheinseiten gefahren werden. Linksrheinisch führt sie über Uerdingen und Neuss, rechtsrheinisch über Kaiserswerth in die Landeshauptstadt. Man kann auch – wie ich es gemacht habe – von einer Seite zur anderen übersetzen. Die Strecke verläuft an beiden Ufern durch viel Grün an den weiten Bögen des Rheins entlang.

Linksrheinische Variante

Die Friedrich-Ebert-Brücke in **Duisburg-Homberg** verlassend, passiere ich einen alten Klinkerturm mit dem preußischen Adler und fahre auf einem Treidelpfad direkt am Strom weiter. Dabei bin ich ohne Anstrengung oft schneller als die bergfahrenden Schiffe. Vor der Autobahnbrücke A 40 geht's rechts ab, der ausgeschilderten Ruhrmündung-Tour folgen. Zwar verliere ich dabei manchmal den offiziellen Weg, komme aber ohne Probleme ans Ziel **Uerdingen**.

Der ***inoffizielle Weg*** unterquert die Brücke und führt weiter geradeaus an den Rheinwiesen entlang auf der Wilhelmallee und der Deichstraße zur Werthauser Straße. Hier geradeaus bis zur Margarethenstraße, rechts, weiter bis zur Friedrich-Alfred-Straße. Ab der Bahnlinie heißt sie Kruppstraße, später Bismarckstraße und Reichstraße. Am Ortsende führt die Friemersheimerstraße an der Eisenbahn Siedlung vorbei zur Uerdinger Straße. Nun bin ich wieder im Grünen an einem Altrheinarm. Üppige Vegetation, Vogelgezwitscher und junge Eisenbahner, die sich mit Hund und Grashalm im Mund von der Schicht ausruhen, geben das Gefühl, ganz weit ab vom Schuss zu sein.

Ein Lokführer daheim

Die offizielle Ruhrmündungs-Tour

führt vor der Autobahnbrücke vom Treidelweg rechts hoch in die Duisburger Straße, geht rechts ab in die Bruchstraße, hier nach 1 km links. Die schmale Straße führt zu einer Brücke über die A 30, danach rechts nach **Winkelhausen**. Dem Straßenverlauf folgen, bei der Eisenbahnlinie rechts, unter der Schnellstraße durch in den Ort **Oestrum**. Hier führt die Lange Straße zum Erholungszentrum Toeppersee, in dem man baden kann. Den Toeppersee durchschneidet ein Damm mit einem Weg. Diesen fahre ich in südwestlicher Richtung, umrunde den See halb, halte mich beim Bahnhof rechts, durchquere den Ort bis zur Rheinhausener Straße, der ich folge, bis ich in **Friemersheim** die Eisenbahnsiedlung erreiche. An diesem idyllischen Altrheinarm vereinigen sich die beiden Strecken. Kein leicht zu findender Weg, der meist durch Wohngegenden führt. Doch irgendwie kann man den Rhein nicht verfehlen. Und nach den vielen Kilometern in einsamen Auen, tut es gut, wieder Menschen zu sehen.

Der Deichweg zwischen Altrhein und Hauptstrom führt rechts ab zur Uerdinger Straße, dort geht es links weiter. Hinter den Kornfeldern dampfen nun die Schlote. Bald tauchen die Verwaltungsgebäude und das Werk von Bayer auf. Die Straße führt an der Werksmauer direkt am Rheinufer entlang in ein Gelände mit verlassenen, einst stolzen Direktionsgebäuden. Hier neben der „Aspirin-Fabrik" lag früher die Destillerie von Dujardin. Ob die Direktoren sich über Risiken und Nebenwirkungen ausgetauscht haben, ist nicht bekannt. Ich halte mich links und komme zurück an die sanft geschwungene Rheinkurve. Im Juli 2001 passierte hier ein dramatisches Schiffsunglück. Beim Löschen der Salpetersäure explodierte die Ladung, und 1 000 t Salpetersäure flossen in den Rhein.

Liebe an der Uerdinger Kurve

Das Bayer-Kreuz dominiert den Fluss bei Tag und Nacht. 6 500 Mitarbeiter produzieren „Vorstoffe" für viele Industriezweige. Das Werk Uerdingen ist ein Produzent von Polycarbonat, dem Trägermaterial von CD's. So mancher Fan des KFC Uerdingen wird hier über seinen „Lift-Club", der immer wieder auf- und absteigt, Tränen vergossen und in den Rhein geleitet haben.

Abstecher nach Krefeld. Krefeld wird dem Kunstliebhaber einige Kleinode zu Gesicht bringen. 8 km sind es vom Rhein zum Krefelder Zentrum. Der Weg geht von der Rheinufer-

Ausflug

straße zum Bahnhof, über die Bahnhofstraße, Alte Krefelder Straße in die Uerdinger Straße. Krefeld wurde durch die Textilindustrie zu einer wohlhabenden Stadt. Auch heute noch stammen 8 von 10 Krawatten aus Krefeld. Neben den eingeschossigen Weberhäusern, in denen die Stube nach den Maßen des Webstuhls bemessen wurde, gibt es interessante ***Direktorenhäuser***. Zwei sind in den 20er Jahren von dem genialen Architekten Mies van der Rohe erbaut worden und heute Museen. Die Häuser ***Ester*** und ***Lange*** liegen an der Wilhelmshofallee am Stadtwald. Mehr Kunst des 20. Jh. zeigt das ***Kaiser-Wilhelm-Museum***. Die beachtenswerte Sammlung enthält z. B. Werke von Andy Warhol, Joseph Beuys und Richard Serra.
Der Weg zurück zum Rhein, führt über den Stadtteil Linn. Hier, in der Rheinbabenstraße, steht die ***Burg Linn***, in der ein ***volkskundliches Museum*** das Leben am Niederrhein von den Römern bis zum 19. Jh. anschaulich darstellt. Am ***Textilmuseum***, das nur für Ausstellungen geöffnet ist, erreiche ich die Hafenstraße und fahre auf ihr zum Uerdinger Hafen.

Die linksrheinische Route nach **Düsseldorf** führt auf einer alten Drehbrücke über das Uerdinger Hafenbecken und biegt rechts ab. Ein Blick aufs andere Flussufer zeigt das dampfende Industriepanorama von Mannesmann und Thyssen. Die Strecke verläuft zuerst durch Industriegelände und später durch Felder über **Nierst** nach **Langst-Kierst**. Hier besteht die Möglichkeit, mit der Fähre ins bezaubernde Kaiserswerth überzusetzen. (Siehe die rechtsrheinische Tour.)
Auf dem Radweg ist gut fahren bis nach Düsseldorf, meist auf dem Deich, ungestört vom Autoverkehr. Der braust über mir auf der neuen Brücke der A 44, und damit ich merke, dass ich mich in einem Ballungszentrum befinde, startet auf dem Düsseldorfer Flughafen geschäftig eine Boeing nach der anderen. Der Rhein verschwindet manchmal hinter Pappelreihen. Ich umrunde einen kleinen Sporthafen und ein Freibad und gelange auf die breiten Uferwiesen, die von den Düsseldorfern zum Sonnenbaden genutzt werden. Ein Mann mit Tangabadehose behauptet sogar, hier im Rhein zu schwimmen. Ich unterquere die Theodor-Heuss-Brücke. An der nächsten Brücke, der Oberkasseler, sollte ich mich entscheiden, ob ich gleich nach Düsseldorf will oder einen Abstecher nach **Neuss** mache.

Schafsstadt Düsseldorf

Ausflug

Abstecher nach Neuss. Zweifellos das bedeutendste Kunstwerk in Neuss ist die Stiftskirche ***St. Quirinus***, ein Meisterwerk der Spätromanik. Klar die Gliederung der architektonischen Formen – Würfel, Kegel und Zylinder, verspielt die Friese, Simse und Arkaden. In nur 50 Jahren erbaut, von 1200 bis 1250, ist das Qurinusmünster eine der stilreinsten Kirchen am Rhein. Die Geschichte von Neuss geht bis zur Römerzeit zurück und wird im ***Clemens-Sels-Museum***, das sich im trutzigen Obertor befindet, mit vielen Funden lebendig. Das gleiche Museum zeigt auch eine schöne Sammlung naiver Malerei.

Für den Hardcore-Kunstjünger ist der Besuch des ***Museums Insel Hombroich*** im Stadteil Neuss-Holzheim eine Herausforderung. In einer 20 ha großen Auenlandschaft hat der Künstler Erwin Heerich elf Pavillons geschaffen, in denen asiatische Skulpturen mit Arbeiten von Arp, Calder, Schwitters und anderen korrespondieren. Auch eine ehemalige Raketenstation ist in Kunst verwandelt worden. Den Besuchern wird empfohlen, festes Schuhwerk und viel Zeit mitzubringen.

Wer im Juni nach Neuss kommt, hat die Gelegenheit, sich intensiv mit Shakespeare zu beschäftigen. In einem Nachbau des Globe-Theatre findet seit 1990 das ***Shakespeare Festival*** statt. Theaterleute aus aller Welt geben die unterschiedlichsten Versionen der Klassiker des Klassikers. Mit Pauken und Trompeten werden Neuss-Besucher im August begrüßt. Dann kommen eine halbe Millionen Menschen unter dem Neusser Wahlspruch „Für de Freud" zum größten ***Schützenfest*** am Niederrhein zusammen.

Schützenfest in Neuss.

Rechtsrheinische Variante

Die rechtsrheinische Route von Duisburg nach Düsseldorf startet in der Fußgängerzone bei der bunten Figur von Niki de Saint Phalle und folgt geradeaus der Düsseldorfer Straße und Düsseldorfer Landstraße (B 8). Die Strecke durch die Duisburger Vororte verströmt einen spröden Charme, und auf den ordentlichen Radwegen komme ich gut voran. Hinter **Huckingen** wird es ländlicher. Nach etwa 8 km vom Ausgangspunkt unterquere ich die B 288 und bleibe auf der B 8. 2 km weiter erreiche ich **Wittlaer**. Am Ende des Örtchens überquere ich den wenig spektakulären Schwarzbach und komme nach **Kaiserswerth**, einem Stadtteil von Düsseldorf. Eine Abzweigung rechts bringt mich in die Altstadt, die das Flair eines gutbürgerlichen Ausflugsortes aus der Schwarzweißfilmzeit hat.

Am Ende der von Cafés, Geschäften, Kastanien und Linden gesäumten Hauptstraße erreiche ich die Rheinpromenade.
Von **Kaiserswerth** geht eine Fähre nach **Langst-Kierst** zur linksrheinischen Route. Auf dieser Seite führt die Strecke auf super asphaltierten Wegen durch die Auwiesen, eine Möglichkeit, mal richtig in die Pedalen zu treten. Der Radweg mündet in die Straße am Düsseldorfer Messegelände, der ich folge. Nach der Unterquerung der Theodor-Heuss-Brücke führt der Weg durch den Rheinpark. Hier laden Biergärten dazu ein, sich mit Alt für den Besuch Düsseldorfs zu stärken. Vor der Oberkasseler Brücke fahre ich bei der ***Tonhalle***, einem expressionistischen Rundbau aus Klinkersteinen, links in den schattigen Hofgarten mit seinen wunderschönen Baumgruppen, Seen und Brunnen. Ich bin im Herzen Düsseldorfs. Den ***Hofgarten*** ließ Kurfürst Karl Theodor 1769 anlegen. Er ist auch der Initiator des Englischen Gartens in München. Anfang des 19. Jh. wurden die Festungsmauern geschleift und der Garten unter der Regie Maximilian Weyhes erweitert. Auf dem 26 ha großen Areal finden sich auch zahlreiche Skulpturen, unter anderem die ***„Reclining***

X Kaiserswerth

Ruine der Kaiserpfalz

Kaiserswerth war vor 1000 Jahren eine Insel. Die Silbe Werth findet sich oft in rheinischen Namen und bedeutet Insel. An der Rheinpromenade liegt die Ruine der Kaiserpfalz. Sie diente als Zollstation. Das sorgfältige Mauerwerk aus gewaltigen schwarzen Steinen vom Drachenfels ist beeindruckend.

Aus dem Jahre 1056 ist die Geschichte eines dramatischen Königsraubes überliefert. Heinrich IV., berühmt durch seinen Bußgang nach Canossa, war mit vier Jahren schon König. 1056 weilte er mit seiner Mutter Agnes auf Kaiserswerth. Der Erzbischof von Köln, Anno, wollte den zukünftigen Kaiser unter seine Vormundschaft nehmen. Er lud den 6-jährigen Jungen auf sein Schiff ein. Kaum war Heinrich an Bord, legte das Schiff ab. Der kleine König sprang ins Wasser, wurde aber gerettet und aufs Schiff zurückgebracht. Der Staatsstreich gelang. Heinrich kam nach Köln in Annos Gewalt.

Figure" (1969) von Henry Moore, bei der Landskrone im Süden. In Düsseldorf, dem zweitgrößten Finanzplatz der Republik, kann man gute Geschäfte machen, schick shoppen, lecker essen, trinken und Kunst genießen. Mammon und Mode gehören weniger zur Welt des Radlers, aber für kulinarische und kulturelle Genüsse steige ich gern vom Sattel. Im Hofgarten fahre ich über die Reitallee Richtung Westen zum ***Goethe-Museum***. Hier befindet sich das drittgrößte Goethe-Archiv Deutschlands mit Manuskripten und Zeichnungen des Genies. Ich verlasse den Hofgarten beim Malkasten, in dem Goethe religiöse Gespräche mit dem Philosophen Fritz Jacobi führte. Möglicherweise durch höhere Kräfte gesteuert, verirre ich mich im dichten Verkehr und lande in Oberkassel, wo Europas einzige ***japanisch-buddhistische Tempelanlage*** auf einem 10 000 m² großen Gelände zu finden ist. Nicht nur für die ca. 7 800 in Düsseldorf lebenden Japaner ein Ort der Erbauung. In den paradiesischen Teich- und Steingärten gönne ich mir eine meditative Pause.

Kunst- und Tempelstadt Düsseldorf

Und weil ich schon mal in Oberkassel bin, lasse ich mir nicht das kleinste und charmanteste Kino der Stadt entgehen: das Souterrain im Café Odeon. Eine schmale Treppe führt hinab in einen Raum, zu dem auch eine winzige Bar gehört.

Wer das interessante Stadtviertel nach Plan durchkämmen will, besorge sich den hoch interessanten „Düsseldorfer Altstadtführer" von Wulf Metzmacher.

Hafenstadt Düsseldorf

X Düsseldorfer Altstadt

Noch streiten sich die Gelehrten, ob der Name Altstadt von Altbier abgeleitet wird. Wie auch immer, an der längsten Theke der Welt fließt das dunkle Obergärige in Strömen. 260 Kneipen und Brauhäuser warten auf durstige Kehlen. Ich fahre zur Ratinger Straße und holpere über das Kopfsteinpflaster: der so genannte Ratinger Strich. An der Seite mit den geraden Hausnummern liegen die berühmten Lokale der Stadt, die als Seismosgraphen des Lebensgefühls gelten: der Ratinger Hof, Zur Uel, Im Füchschen und Zum Goldenen Einhorn. Hier soll es den besten Kaffee der Stadt geben. Ich bestelle ein Wasser. Der Kellner blickt mich durchdringend an: „Willze disch waschen?“

Mitten in der Altstadt, in der ***Bolkerstraße 53*** *steht das Haus, in dem Heinrich Heine 1797 geboren wurde. Der Dichter prophezeite, dass einst grünverschleierte, vornehme Engländerinnen Trinkgeld gäben, wenn ihnen die Stube gezeigt würde, „worin ich das Licht der Welt erblickt, und den Hühnerwinkel, worin mich Vater gewöhnlich einsperrte, wenn ich Trauben genascht, und auch die braune Türe, worauf Mutter mich die Buchstaben lehrte“. Heute ist hier das Literaturcafé Schnabelewopski. Drei Straßenecken weiter südlich findet man das* ***Heinrich-Heine-Institut****. In diesem einzigen Heine-Museum der Welt wird der Dichter in Ausstellungen und Veranstaltungen gewürdigt.*

Altstadt Düsseldorf

Um die Ecke am Marktplatz steht das Jan-Wellem-Denkmal, ein fröhliches barockes ***Reiterstandbild*** *von 1711, unter dem auch der kleine Heine gespielt hat.*

Neueren Datums ist die ***Kunstsammlung Nordrhein-Westfalen*** *mit einer weltbekannten Schau der Kunst des 20. Jh. Im Zentrum stehen 92 Arbeiten von* ***Paul Klee****, der von 1930–1933 Professor an der Düsseldorfer Kunstakademie war.*

Düsseldorf
Mettmann
0
6 km
Ober-
kassel
Alt-
stadt
Lierenfeld
Erkrath
Hamm
Haan
Holthausen
Benrath
Hilden
Rhein
Urdenbacher
Altrhein
Rosellen
Zons
Feste Zons
Langenfeld
Dormagen
Monheim
Hacken-
broich
Worringen
Grevenbroich
Rheindorf
Chorweiler
Rommerskirchen
Seeberg
Merkenich
Leverkusen
Pulheim
Höhen-
hausen
Weiden-
pesch
Rhein
Riehl
Ossendorf
Königsdorf
Lövenich
Köln
Dom
Kalk
Müngersdorf
Lindenthal
Frechen
Zollstock

Tour 7

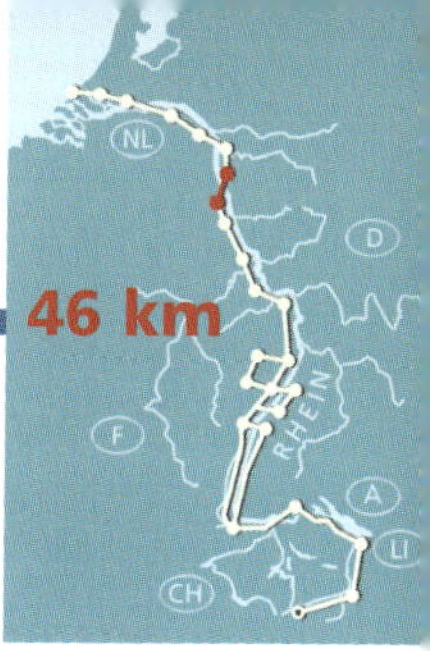

Stadt des Lächelns

Von Düsseldorf nach Köln

Wieder eine leicht fahrbare Etappe abseits verkehrsreicher Straßen mit herrlichen Blicken auf die weiten Rheinbiegungen. Touristische Höhepunkte der Strecke sind das Rokoko-Schloss Benrath und die Zollfeste in Zons. Bei der Anfahrt nach Köln auf der Rheinpromenade kommen die Spitzen des Domes langsam näher. Wie die aufgestellten Lauscher eines Hundes wachen sie, wer kommt und wer geht. Ich nehme Abschied von der melancholischen Weite des Niederrheins, dem letzten Kraftakt des Stromes auf seiner Reise zum Meer. Die Domtürme verabschieden ihn und heißen den Fremden aus dem Westen willkommen. Köln ist das Tor. Hier bringt der Rhein einen neuen Menschenschlag hervor, den Kölner. Alaaf!

Auf der Rheinpromenade verlasse ich **Düsseldorf**, unterquere die Rheinkniebrücke, radle zwischen Landtag, Fernsehturm und, weiter links, den silbernen dosenförmigen Frank O. Gehry Bauten an den Rhein, überquere ihn auf einer Brücke und bin auf der Bremer Straße. An einem Golfplatz entlang umrunde ich den Hafen, komme unter einer Eisenbahnbrücke durch, lande auf dem Hammer Deich und passiere eine Autobahnbrücke (A 57). Der Weg zieht sich zwischen Rhein und Kläranlage durch Felder und Gewächshäuser bis zur Brücke der A 46. Nach der Unterquerung läuft die Route parallel zur Schnellstraße bis zum Ort **Himmelgeist**. Auf der Dorfstraße weiter bis zum Ort **Itter**, hier auf den Straßen Am Broichgraben und Am Trippelsberg zur Bonner Straße, die rechts in die Benrather Schlossallee mündet.

Die A 46 überspannt den Rhein

Ausflug

Abstecher zum Benrather Schloss. Lustschloss und Parkanlagen wurden 1769 fertig gestellt und sind eine Reise wert. Baumeister ist der durch das Schwetzinger Schloss bekannte Nicolas de Pigage. Sein Rokoko zeigt erste Zeichen klassizistischer Einfachheit. Zentrum der 84 Räume, die kunstvoll miteinander verbunden sind, ist der runde Salon, der von zwei Gartensälen mit Spiegelgewölben flankiert wird. Ich lasse

Ausflug

Die Benrather Schlossanlage

mich von den Spiegeln, Nischen, versteckten Treppen und Liebesgöttern verzaubern. Erst der Blick auf den Rhein, der den weitläufigen Park begrenzt, bringt mich sanft in die Realität zurück. Der Park mit Gewässern, Bäumen, Hecken, Brüstungen, Treppen und Standbildern verschmilzt mit dem Schloss zu einem Gesamtkunstwerk. Auch wenn der Park im 19. Jh. teilweise zum englischen Garten umgestaltet wurde, bleibt die Idee des Baumeisters sichtbar. Er vermachte uns das Abschiedsgeschenk einer Epoche.

Von der Benrather Schlossallee führt die Pigageallee links zurück zum Rheinufer. Auf der Straße Am Alten Rhein geht es landeinwärts bis rechts in die Urdenbacher Dorfstraße. Nach 300 m biege ich wieder rechts in den Ortweg und fahre geradeaus weiter durch Weiden und Pappelgehölze bis zur Fährstelle nach **Zons**. Die Überquerung des Rheins geht mir zu schnell. Ich kann mich kaum sattsehen an dem von Wäldern und Wiesen umkränzten glitzernden Strom, der sich in großen Bögen nach Norden wälzt.

Ausflug

Feste Zons

Abstecher nach Zons. Auf dem linken Ufer liegt Zons. Die ***Befestigungsanlage*** der Stadt ist mit Mauern und Türmen fast vollständig erhalten. Im 14. Jh. entschloss sich der Erzbischof von Köln, den Rheinzoll von Neuss nach

Zons zu verlegen. Er ließ die Burg ***Friedestrom*** ausbauen und eine Verteidigungsmauer mit Toren, Türmen und Gräben um die Stadt errichten. Belagerungen, Beschuss, Brände, Pest und Hochwasser hat Zons seitdem überstanden. Bei einem Spaziergang an den alten Mauern aus Ziegeln, Basalt, Trachyt und Tuffstein kann ich die Spuren von 600 Jahren Geschichte sehen und fühlen. Hier ging es dem Erbauer nicht nur um eine Festung. Die Architektur sollte auch ein Signal der Stärke senden. Der quadratische St. Petersturm an der Nordostecke diente der Zollabfertigung. An der rheinseitigen Ostmauer sind noch die Ringe für die Treidelschifffahrt zu sehen und die Spuren der Seile zu erkennen. Vom Mühlen-

Im Bergtrikot am Niederrhein

turm im Südwesten reicht bei günstiger Witterung der Blick vom Düsseldorfer Fernsehturm bis zum Kölner Dom.

Abendfahrt nach Köln

Der Weg nach **Köln** folgt vom Fährhaus in **Zons** der Rheinkurve auf dem Deich, der einen weiten Blick über die Auen mit Kopfweiden und Pappeln bietet, hinter denen der Rhein streckenweise verschwindet. Nach etwa 8 km Fahrt machen sich seltsame Gerüche breit: metallisch, faulig, muffig. Ich erreiche die B 9 und wechsle auf den Radweg auf der anderen Straßenseite. Für 2 km fahre ich nun an den Dormagener Bayer-Werken entlang. Kurz hinter der Abzweigung nach Worringen zweigt die Tourroute wieder links auf den Deichweg ab und führt auf den Langeler Damm. Nach der Abzweigung zur Fähre, biegt der Damm nach links ab und führt nach **Rheinkassel**. Hinter der Kirche fahre ich auf den Kasselberger Weg, der mich nach der Unterquerung der A1 auf die Merkenicher Hauptstraße bringt. Am Ende der Straße radle ich rechts in den Ivenshofweg, die nächste links in die Emdener Straße an den ausgedehnten Parkplätzen der Ford-Werke vorbei. Bei der Ansicht von so viel Blech klingle ich aus Freude über mein braves Stahlross. Am Ende des Werksgeländes biege ich links in die Bremerhavener Straße, die mich zurück zum Rhein auf den Niehler Damm bringt. Der Radweg überquert auf einer Fußgängerbrücke das Niehler Hafenbecken und folgt nun der Straße Am Moh-

Hohenzollernbrücke: jede Minute ein Zug

lenkopf. Links liegen Rheinwiesen und Gehölze, rechts ein Heizkraftwerk und Tennisplätze. Nach Unterquerung der ersten Kölner Brücke, der Mülheimer Brücke, macht mein Herz einen Hüpfer, die Spitzen des Doms sind zu sehen. Auf der schönen Rheinpromenade geht es nun unter der Zoobrücke hindurch, bis ich die eisernen Bögen der Hohenzollernbrücke erreiche. Ich bin im Herzen von Kölle.

Jede Jeck ist anders

Was sind die bedeutendsten Sehenwürdigkeiten Kölns? Der ***Dom***, die ***romanischen Kirchen***, die ***Museen*** mit alter und neuer Kunst, die Kneipen der ***Altstadt***, das Kölnisch Wasser? Für mich sind es die ***Kölner***. Mit ihnen komme ich schnell ins Gespräch, es gibt was zu lachen und sie philosophieren auf ihre Art. „Jede Jeck ist anders", erklärt mir ein muskulöser blonder Mann, der an diesem heißen Nachmittag seinen freien Oberkörper an der Rheinpromenade präsentiert. „Leben und leben lassen. Und wenn ein kleines ‚Verzählerchen' dabei ist, kann es besser gar nicht sein", ist seine Maxime. „Länger als 'ne Woche Urlaub halt ich nicht aus", bekennt die reife Wirtin an der Promenade, die ihre Kur aus Heimweh abbrach, weil sie den Dom zu sehr vermisste. Der Schrotthändler Paul, der mit einem Dutzend Kumpel an einem Schuppen im Hafen ein Spielchen macht, sagt: „Der Fluss ist meine Heimat. Ich kann ohne den Rhein nicht leben." Paul weiß, „sterben müssen wir alle". „Und was können wir mitnehmen?" „Ein Hemd, ein paar Bretter und ein bisschen Sand überm Kopp. Und wenn wir Glück haben, kommen Se uns noch besuchen." Über mangelnden Besuch am Abend kann sich Fine de Cologne nicht beklagen. Die Travestie-Künstlerin tritt abends im Hotel Timp in der Pipinstraße auf. Ganz ungeschminkt führt er morgens seine Hündin Lea an der Promenade spazieren und erzählt mir einen Witz. Petrus geht in Urlaub und erklärt seiner Vertretung, wie man Menschen macht. Schön den Körper kneten, Ärmchen, Beinchen dran und das Köpfchen drauf.

Rheines Vergnügen

Dann einen Klaps auf den Po, damit sie laufen. Nach 14 Tagen kommt der Petrus zurück. Steht da eine Batterie von Menschlein und bewegt sich nicht. Die Vertretung ist verzweifelt. Petrus weiß, woran es liegt. Das sind Düsseldorfer. Die musst du in den Arsch treten. – Was sich neckt, das liebt sich.

Handfeste Beziehung

Abends in der ***Altstadt*** vereinen sich Kölner und Besucher aus nah und fern beim Kölsch, das in Stangen aus Kränzen serviert wird. So nennt die Trinkerfachsprache hier die Gläser und Serviertabletts. Für einen Altstadtbesuch lasse ich mein Rad stehen. Die Altstadtgassen sind fürs Radfahren zu eng, zu holperig und oft zu voll von Menschen. Ich habe mir das empfehlenswerte Buch „Der Kölner Altstadtführer" von Yvonne und Thomas Plum besorgt und gehe auf Entdeckungstour zwischen Dom und Schokoladenmuseum. Das Wahrzeichen Kölns, die berühmteste Kirche Deutschlands, der Dom, ist zu groß, als dass ich ihn bildfüllend in die Kamera bekomme. Für dieses Bild fahre ich später auf die Hohenzollernbrücke. 600 Jahre dauerte es, bis der Dom 1880 vollendet wurde. Die Baugeschichte spiegelt das Auf und Ab der Entwicklung Kölns wider: von den Fundamenten der Römerzeit, über die Blüte im Mittelalter, den wirtschaftlichen Niedergang in der Neuzeit, die romantische Restauration im 19. Jh. bis zu den Zerstörungen und dem Wiederaufbau im 20. Jh. Die bedeutendsten zwei Kunstwerke im Dom sind der Dreikönigsschrein und der Altar der Stadtpatrone von Stephan Lochner. Mich fasziniert der linke Altarflügel mit der hl. Ursula im roten Mantel, die durch halbgeschlossene Lider die todbringende Spitze eines Pfeils betrachtet.

Fine witzig, Willy bronzen, Christina trinkend

Der Gang durch die Altstadt führt an römischen und jüdischen Ruinen vorbei zum sehenswerten ***historischen Rathaus***. Die Architekten hatten vor 500 Jahren kein Problem, vor die gotische Fassade einen üppigen Renaissancevorbau zu klatschen. Auch die modernen Architekten waren gezwungen, Altes und Neues miteinander zu verbinden, denn Köln wurde im Zweiten Weltkrieg zu über 90% zerstört. Schön ist zu sehen, wie die Kölner ihren traditionellen Humor pflegen. Es gibt ***Denkmäler für die Witzbolde*** Tünnes un Schäl (Brigittengässchen), für den „leve Jong" Willi Millowitsch (Eisenmarkt), für den Komponisten und Sänger Willi Ostermann (Ostermannplatz), für die Roten Funken auf dem gleichnamigen Platz und eine Säule für alle Menschen namens Schmitz im Brigittengässchen. Ich komme an unzähligen Kneipen vorbei, in denen ich von „Früh" bis sehr spät trinken, tanzen und reden kann. Als Weintrinker möchte ich mich etwas zurücklehnen und fahre zu ***Christina Fischers Restaurant*** am Hohenstaufenring 53. Die vom Vox-Kochduell bekannte Weinkennerin bietet gehobene Küche und exzellente Weine per Glas (!) an. Hier lese ich in meinem Reiseführer, dass meine kulturellen Köln-Kenntnisse noch erhebliche Lücken aufweisen. Ich sollte das ***Museum Ludwig*** mit seiner hochkarätigen Sammlung moderner Kunst besuchen, das ***Wallraf-Richartz-Museum*** mit den Werken der großen alten Meister, das ***Römisch-Germanische Museum*** und das leckere ***Schokoladenmuseum*** und ... Uff! Und wann sehe ich mir das Dutzend romanischer Kirchen an, für die die Stadt weltberühmt ist?

Von den vielen sehenswerten Kostbarkeiten wähle ich ein Kleinod aus, die ***Goldene Kammer*** in ***St. Ursula***. Sie wurde 1643 in einem Querhaus der Basilika eingerichtet, um 138 Reliquienbüsten zu bewahren. Von allen vier Wänden, meterhoch aufgereiht, lächeln mich Frauenköpfe an. Über ihnen, bis zur Decke, sorgfältig zu Ornamenten geordnet, menschliches Gebein. Die Büsten stammen aus dem 13. bis 18. Jh. und stellen die hl. Ursula dar. Die Legende berichtet, dass die britische Königstochter Ursula vor ihrer Ehe mit einem schottischen Prinzen gelobt hatte, eine Pilgerreise nach Rom zu machen, per Schiff und auf dem Rhein. Ursulas Gefolge bestand aus 11 000 Jungfrauen. Die hohe Zahl entstand vermutlich durch einen Lesefehler, der aus dem lateinischen „M" für Märtyrer das „M" für 1 000 machte. Wie viele auch immer, die Frauen kamen wohlbehalten in Rom an, erhielten ihren Segen und fuhren zurück. Alles ging gut. Der zukünftige Gatte ließ sich taufen und durfte auch an Bord. Doch bei Köln ereilte die fromme Schar ein Unheil, für das Attila, der notorische Feind des Abendlandes, verantwortlich gemacht wurde. Er wollte die schöne Engländerin heiraten. Ursula blieb ihrem Schotten treu. Darauf schändete und metzelte Attila die ganze Schar. Ursula starb durch seinen Pfeil. Sie begründete zum einen den Rheintourismus, zum anderen eine florierende Reliquienindustrie. Die Ursula-Büsten mit Gebeinstücken waren ein Kölner Exportschlager in ganz Europa, denn St. Ursula wird an vielen Orten verehrt. Die Gebeine stammten aus einem römischen und frühchristlichen Gräberfeld, auf dem die Kölner Basilika errichtet war. Erst eine Mahnung des Papstes gebot der Massenproduktion Einhalt. Ob die Büsten aus dem 13. Jh. oder dem 18. Jh. stammen, die Gesichtszüge sind sich ähnlich. Ursula lächelt freundlich naiv. Ein Lächeln, das ich auf den Lippen der heutigen Kölner Mädchen wiedersehe.

Das Lächeln der Märtyrerin

Kölsche Spitzen

Mittelrhein

Die Strecke zwischen Köln und Mainz ist der berühmteste Rheinabschnitt. Die Burgen, Wälder und Weinberge der Gebirgsstrecke zwischen Koblenz und Bingen haben das Bild des Rheins auf der ganzen Welt geprägt und wurden 2002 von der UNESCO zum ***Weltkulturerbe*** erklärt. Die Loreley – „Fee oder Felsen", wie Erich Kästner rätselte, lockt Millionen Menschen von Asien bis Amerika an den Rhein. Alle wollen etwas von dem Hauch der Romantik spüren, der durch das kurvenreiche Rheintal weht. Manchmal ist es auch ein warmer Gegenwind, der sich am Nachmittag in der Thermik des Tales entwickelt und dem Radler ins Gesicht bläst. Ansonsten ist die Strecke leicht zu fahren und zu finden.

Häufig führt sie auf den alten Leinpfaden unmittelbar am Strom entlang und bleibt, bis auf einige Ausflüge, auf dem linken Ufer. Bei Lorch besteht die Möglichkeit, das Ufer zu wechseln und über den weinseligen Rheingau nach Mainz zu gelangen.

A1
Longerich
A59
Höhenhaus
B506
Müngersdorf
Brück
Köln
Mülheim
Holweide
Refrath
Buchheim
Bicken
Müngersdorf
Dom
Kalk
B55
Deutz
A59
Königsforst
Lindenthal
A4
A4
Klettenberg
Zollstock
A4
Hermülheim
Rodenkirchen
Porz
B265
A565
Meschenich
A59
Langeler Werth
Rhein
Langel
Schloss Augustusburg
Brühl
A553
Wesseling
Niederkassel
A565
Mondorf
Bornheim
Hersel
Bonn
Alfter
Endenich
Beuel
A61
Poppelsdorf
Heimerzheim
Naturpark Kottenforst
Kessenich
0
6 km
B56
A565

Tour 8

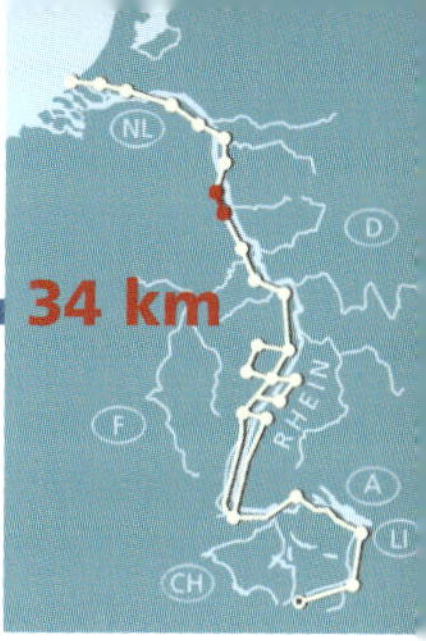

Die enthauptete Stadt

Von Köln nach Bonn

Auf dieser Etappe führt die Strecke fast immer in unmittelbarer Rheinnähe auf Fahrradwegen bis nach Bonn. Ab der Kölner Hohenzollernbrücke fahre ich auf dem Promenadenweg, der Frankenwerft, direkt am Rhein. Vorbei an den Anlegeplätzen für die Fähren und der ***Kölner Pegeluhr***. Weiter unter der Deutzer Brücke durch. Jetzt heißt der Weg am Ufer Leystapelwerft. Rechts liegt der Heumarkt. Kurz vor der Severinsbrücke wechselt das Ufer seinen Namen in Holzwerft und hinter der Brücke in Bayernwerft. Links liegen der Rheinauhafen und die Rheinauhalbinsel, wo sich das ***Schokoladen-Museum*** befindet.

Das ist mir einen Abstecher wert. Am Malakoffturm fahre ich über die historische Drehbrücke zur Inselspitze. Das Museum liegt in einem alten Zollgebäude, das in einen modernen Glasbau integriert ist. Es erzählt die 3000-jährige Geschichte der Schokolade. Mit einer kleinen Kalorienbombe im Bauch geht´s zurück auf die Hauptstraße, das Agrippina-Ufer und unter der Südbrücke durch. Ab dort heißt das Ufer Gustav-Heinemann-Ufer bis zur Bismarck Säule. Ab hier Oberländer Ufer. Der Radweg am Oberländer Ufer macht einen kleinen Rechtsknick und weiter links auf dem Heinrich-Lübke-Ufer, vorbei an einem Tennisplatz und einer Wiese. Vor mir braust der Verkehr über die Rodenkirchener Autobahnbrücke, die ich unterquere. Nun fahre ich auf dem Leinpfad. Bevor es weitergeht, sehe ich noch mal auf die imposante Skyline von Köln und den alles überragenden Dom zurück.

Schokoladenbrunnen

Rechts vom Rodenkirchener Leinpfad liegt **Rodenkirchen**, der südlichste Stadtteil von Köln, der 1975 eingemeindet wurde. Rodenkirchen ist von einem Grüngürtel umgeben. Er war bis zum Ersten Weltkrieg ein Militärring und ehemals Kölns äußerer Befestigungsgürtel, ab 1923 wurde er von dem damaligen Oberbürgermeister Konrad Adenauer als Grünanlage neu gestaltet. Von der Uferstraße biege ich rechts in die Rathausstraße ein und schlendere schiebend durch den ***historischen Stadtkern***. Auf dem gleichen Weg kehre ich zurück zur Uferstraße.

Der Radweg führt jetzt weiter durch Wiesen und Auen. Links von der Uferstraße liegt ein Ferien-Campingplatz. Gleich nebenan halte ich an einem Minigolfplatz, um eine Runde zu spielen.

Am Ende der Uferstraße macht der Weg einen Schlenker nach links und heißt jetzt Weißer Leinpfad. In einer langen Rheinschleife fahre ich an Viehkoppeln vorbei zwischen Flusskilometer 681 bis 677. Auf der gegenüberliegenden Rheinseite liegt **Porz**. Mit der Fähre kann man von der Siedlung Weiß aus übersetzen und sich ***Gut Leidenhausen*** mit Waldmuseum und Greifvogelstation ansehen. Oder wenn man eher ein Technik-Freak ist, fährt man ins ***Deutsche Zentrum für Luft- und Raumfahrt***.

Rodenkirchen, der südlichste Stadtteil Kölns

Ich bleibe auf der Uferstraße. Rechts von mir das Örtchen **Sürth**. Es geht gemütlich geradeaus. Kurz hinter Sürth lösche ich meinen Durst in einem Biergarten. Von dort aus fahre ich noch 2 km geradeaus. Vor mir ein Hafenbecken. Der Weg macht einen Knick im rechten Winkel nach rechts, nach 300 m wieder links halten. Die Straße heißt hier Mühlenhof. In **Godorf** fahre ich unter einer Rohrleitung durch und am Bahnhof Mühlenhof unterquere ich die Bahnlinie. Hinterm Bahnhof radle ich ca. 2,5 km auf einer Mehrzweckspur, lande auf der B 9 und biege rechts ab. Nach einer Straßenüberführung geradeaus zwischen zwei Bahnlinien, wende ich mich etwas landeinwärts.

Ausflug

Abstecher nach Brühl. An der Brühler Straße rechts ab, geht es ins 5 km entfernte **Brühl**. Dort steht das ***Schloss Augustusburg***, ein Gesamtkunstwerk aus Architektur, Plastik, Malerei und Gartenanlage, das als bedeutendstes Zeugnis des Barockzeitalters am Rhein gilt. Das elegante Treppenhaus und 12 Innenräume mit fantastischer Ausstattung können besichtigt werden.

Schloss Augustusburg

Der Rhein-Radler fährt bei der Brühler Straße links und dann rechts in die Kölner Straße. Ohne Radweg, aber mit vielen Kneipen bestückt. Die Straße führt mit einem leichten Linksknick wieder Richtung Rhein. Rechts von mir liegt jetzt **Wesseling** an einer Rheinschleife am hochwassersicheren Prallhang des Flusses. Tausende von silbrig glänzenden oder verrußten Schornsteinen ragen in die Luft: eine ***bizzarre Industrielandschaft***, ein faszinierender Hexenkessel der petrochemischen Industrie. Hier produzieren Shell und DEA, Basell, die Degussa AG und die Montellchemie Köln. Von den CORA-Werken werden riesige Schleifpapiere hergestellt. Wesseling ist in Deutschland die Stadt mit dem höchsten Anteil an Gewerbeflächen. Aber Wesseling hat zwei Gesichter: ein graues und ein grünes. Gleich am Anfang der Kölner Straße liegt ***Ruttmanns Wiese***, ein Naherholungsgebiet. Nicht weit entfernt kann man sich auch im ***Naturschutzgebiet Entenfang***, an der Rodenkirchener Straße, tummeln.

Skyline Wesseling

Wesseling schmücken außerdem vier katholische Kirchen. Im Stadtteil Berzdorf biege ich an der querenden Kölner Straße rechts ein zur berühmten ***Backsteinbasilika Schmerzhafte Mutter*** aus dem 12. Jh. In der Andachtskapelle steht eine Kostbarkeit: eine ***Pieta*** aus dem 15. Jh. Um die Kirche liegt der baumbestandene alte Friedhof. Von dort aus geht es links auf die Konrad-Adenauer-Straße, von der rechts die Poststraße abzweigt. Ab hier wird geschoben, denn jetzt beginnt die Fußgängerzone, mit dem Doppelnamen Flach-Fengler, die einen ganz anderen Charme versprüht. Nach dem Hitler-Attentat am 20. Juli 1944 gab es hier Massenverhaftungen. Die beiden Gemeinderatsmitglieder Flach (SPD) und Fengler (KPD) wurden verhaftet und verschleppt. Flach starb im KZ Dachau und Fengler bei einem Gefangenentransport auf der Ostsee. Es ist nicht weit, um wieder am Rheinufer zu fahren. Am Ufer des großzügig angelegten ***Rheinparks*** befindet sich eine Fähranlegestelle für eine Personenfähre, mit der man nach Lülsdorf, auf die andere Rheinseite übersetzen kann. Von dort aus bietet sich ein Ausflug nach Langel an.

Ausflug

Ausflug nach Langel. Vom Fähranleger in **Lülsdorf** entscheide ich mich für eine Rundfahrt. Ich fahre die Rheinstraße geradeaus, rechts in die Berliner Straße, bis sie die Porzer Straße kreuzt. Dort links und einige Kilometer Richtung Norden auf der Ranzeler Straße, die durch Felder und Auen führt. Am Ende dieser Straße zweigt die Schmittgasse ab, auf der ich bis zur Keimergasse radle. Dort links durch den Burgweg, geradeaus bis ans Rheinufer, zur Zündorfer Bucht. Richtung Süden führt ein kleiner Weg zu einem Radweg, dem Rheindamm, in unmittelbarer Ufernähe. Hier liegen aufeinander folgend zwischen **Zündorf** und **Langel** zwei kurze alte Rheinarmstücke, so genannte Werthe. ***De Groov*** bei

Ausflug

Zündorf, ist als sterile Insel mit Hallenbad, Parkplätzen, Gastronomie und Auslaufpark seit den 50er Jahren erschlossen worden. Nach ca. 1 km erreiche ich das stromaufwärts bei Langel gelegene ***Langeler Werth***. Es ist ein partiell verödetes Naturschutzgebiet, mit von den Nazis angelegten Pappelkulturen und teilweise alter dörflicher Nutzung, mit Obstgärten oder Wiesen. Dazwischen liegen zwei Campingplätze und ein Fußballplatz. In dieser langgezogenen Kurve des Rheins sind am Gleitufer seit dem Mittelalter Bunen angelegt worden, um Sedimente abzulagern. Diese sind bis etwa 1900 beständig aufgestockt worden. Dadurch hat sich eine 2 km lange ***Sandbank*** gebildet, die zum Schwimmen einlädt. Zwischen zwei stromabwärts gelegenen Bunenfeldern ist 1908 ein Strandbad mit allem Drum und Dran gebaut worden, das 1912 abgebrannt ist. Die Reste existieren als ***Strandbads Marie***, das Bunenfeld ist mit Kies verlandet, aber die Sandbank ist ein Geheimtip für exklusive Rhein-Events. „Hier könnte man ein Festival mit 100 000 und mehr Leuten feiern", erzählt mir ein Kenner der Gegend. „Aber der Naturschutz sieht das naturgemäß anders", bedauert er. Die Fähre erreiche ich über das Schneppenpfädchen, das sich direkt am Rheinufer entlang zieht.

Am Ortsende von **Wesseling** befinde ich mich wieder auf dem einladenden Uferweg am Rhein, der nach **Urfeld** führt. Nach einigen hundert Metern fahre ich vorbei an einer Schiffsgaststätte. Hier entscheide ich mich für den Treidelweg nach **Widdig**. Über einen Radweg, entlang an einem Bootshafen, komme ich geradewegs in eine Sackgasse hinein. Dann am Zaun weiter nach links zum Ufer hin.

Am Ortsende fahre ich an einem Fußballplatz vorbei. Von **Hersel** aus verläuft der Weg über 1,5 km wieder direkt am Rhein entlang. Am Werk Schläger macht die Route eine kleine Rechtsbiegung und führt 700 m schnurgerade durch die Karl-Legien-Straße in den Bonner Vorort **Graurheindorf**. Dort schwenke ich wieder links und dann nach rechts zum Rheinufer bis nach **Auerberg**. Der Weg unterquert die Autobahn. Über den Rhein führt hier eine Spannseilbrücke. Jetzt bin ich auf dem Leinpfad, und nach 600 m geht es unter der Kennedybrücke durch. Das ist also die ehemalige Bundeshauptstadt **Bonn**, die sich jetzt kleinlauter Bundesstadt nennt.

Vorbei an dem modernen Gebäude der Oper, das in der Sonne glänzt wie eine mit Fischschuppen bewachsene Dose, radle ich auf der Bonner Uferstraße mit Radstreifen. Ich könnte jetzt immer so weiterfahren, denn Bonn besitzt die ***längste Promenade*** am größten mitteleuropäischen Strom: 29 km auf beiden Seiten. Nach ein paar hundert Metern biege ich rechts in die Konviktstraße ein, überquere die Konrad-Adenauer-Straße und lande auf dem Rasen im Hofgarten der ***Friedrich-Wilhelms-Universität***. Wenige Studenten lümmeln herum, ein paar Fußballspieler und Picknicker geben sich friedlich: Das ist also der Platz, auf dem die größten Demonstrationen der deutschen Geschichte stattfanden. Das Uni-Gebäude, die ehemalige ***Kurkölnische Residenz***, leuchtet in einem mediterranen Ockergelb. Bonn nennt sich auch gerne, genau wie Köln, die nördlichste Stadt Italiens.

Ich fahre unter den Kastanien in südwestlicher Richtung zur Straße Am Neutor, die auf den Martinsplatz führt. Hier beginnt eine der größten zusammenhängenden Fußgängerzonen Deutschlands, also wird geschoben. Gleich links liegt die ***Münsterbasilika*** am Münsterplatz. Und in der Nähe auf dem Münsterplatz steht das ***Beethoven-Denkmal***. Grimmig guckt er, der größte Sohn der Stadt, der 1770 hier in der Bonngasse 20 geboren wurde. Das Haus ist zu besichtigen. In den Gassen der Fußgängerzone verlaufe ich mich und lande auf einem bunten Wochenmarkt vor dem alten ***Rathaus***. Von Michel Leveilly 1737 im Rokokostil errichtet. Die Sternstraße führt mich zum neuen Verwaltungssitz, dem ***Stadthaus***, das die Bonner architektonischen Maße sprengt: zu groß, zu hoch. Es stellt die dahinter liegende Bonner ***Altstadt*** mit den vielen kleinen Kneipen und Restaurants in den Schatten.

„Es gibt hier nicht viel zu sehen", sagte der Dichter Simrock zu Alexandre Dumas, als dieser 1838 in Bonn weilte. Das hat sich geändert. Ich drehe noch eine Runde durch das ***Kunstmuseum Bonn*** mit seiner Expressionisten-Sammlung und checke, welche Ausstellung in der benachbarten ***Bundeskunsthalle*** läuft. Auf dem ***Dachgarten*** gibt es einen schönen Aussichtspunkt mit drei verspielten blauen Türmchen in Form von Zuckerhüten. Von hier aus fällt mein Blick auf die Rheinpromenade und den träge dahin strömenden Rhein.

Wenig später sitze ich am ***Alten Zoll*** und schnuppere die leckere Wasserluft. Hier wird rheinische Lebens- und Mundart gepflegt, die sich für mich anhört wie das Tatata von Beethovens 5. Sinfonie: „Darf dat dat dann?" „Dat darf dat." „Dat dat dat darf?!"

Blaue Zuckerhüte und immer wieder Beethoven

St. Augustin
Hennef
A565
Bonn
Dambroich
Pützchen
A63
A3
Lichtenberg
Beuel
Oberkassel
Kessenich
Plitters-
dorf
Berghausen
Königswinter
Buchhol
B42
Bad
Godesberg
A3
Drachenfels
Lannesdorf
Villip
Nonnenwerth
Windhagen
Bad Honnef
B9
A3
Oberwinter
Rheinbreitbach
Vettelschloss
Unkel
St. Katharinen
B42
Rhein
Remagen
Linz
Hause
Bad
Neuenahr
Sinzig
B9
Bad
Hönningen
A61
Bad Breisig
Rheinbrohl
Brohl-
Lützing
Niederzissen
B9
Leutesd
Burg-
brohl
0
6 km
Wassenach
A61
Andernach
Kempenich
Laacher

Tour 9

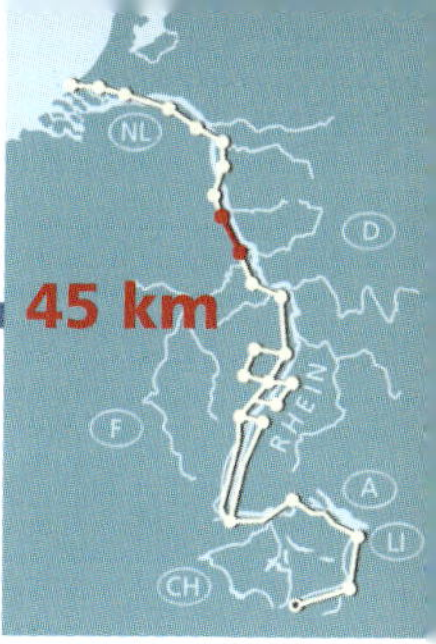

Brücke zum Frieden

Von Bonn nach Andernach

Die Route ins romantische Rheintal beginnt am Bonner Ufer auf dem Promenadenweg, führt an den ehemaligen Regierungsgebäuden vorbei und an einem Erholungsgebiet mit zwei Seen entlang, das von der Brücke der A 562 überspannt wird. Danach ziehen die Villen und Residenzen von Bad Godesberg vorüber. An der Bastei führt die Rheinallee in das Zentrum von **Bad Godesberg**. Mitten in der Stadt steht auf einem Basaltkegel die Ruine der ***Godesburg*** aus dem 13. Jh. Vom Bergfried genießt man wie einst der Kölner Erzbischof den schönen Blick über die Stadt auf das Siebengebirge und bis nach Köln. 1,5 km südlich von der Bastei befindet sich die Schiffsanlegestelle Mehlem, an der mich die Fähre nach Königswinter bringt.

Ausflug

Ausflug nach Königswinter. An der Uferpromenade von Königswinter stehen viele große Hotels, deren vergilbter Charme Erinnerungen an die Adenauer-Zeit wachruft. Der „Alte" wohnte in seinem Rosengärtchen wenige Kilometer entfernt. Über Königswinter thront das Gästehaus der Bundesrepublik und Luxushotel ***Petersberg***. Es liegt in den Ausläufern des Siebengebirges, dem ältesten Naturschutzgebiet Deutschlands. Der berühmteste Berg ist der ***Drachenfels***. 250 m erhebt er sich bei Königswinter über den Rhein. Lord Byron beschreibt ihn in Versen:

Drachenfels

Der Drachenfels, zerklüftet, burggekrönt,
am Strom ragt er empor mit trotz'gem Sinn:
die breite Wasserbrust dehnt sich und schwillt
zwischen den eingeschmückten Ufern hin.

Jahrhunderte lang war der Drachenfels einer der größten Steinbrüche der Region. Mitte des 19. Jh. wurde er stillgelegt, denn die Arbeiten gefährdeten die Burgruine. Hier soll der sagenhafte Siegfried den Drachen Fafnir getötet und anschließend ein Drachenblutbad genommen haben, das ihn fast unverwundbar machte. Im Jahre 1883 wurde in Königswinter Deutschlands erste ***Zahnradbahn*** in Betrieb genommen, die bis

Ausflug

heute 30 Millionen Fahrgäste zur ***Burgruine*** befördert hat. Sie startet am Ende der Drachenfelsstraße. Leider darf ich mein Rad nicht mitnehmen. Doch die Fahrt lohnt sich. Vom Turm habe ich einen fantastischen Rundblick zum Westerwald, der Eifel, in die Kölner Bucht und auf die nördlichsten Weinberge Deutschlands an den unteren Hängen des Drachenfelses.

Zurück am Rhein in Königswinter gibt es die Möglichkeit, sich im ***Siebengebirgsmuseum*** mit der Geschichte, der Wirtschaft und der Kunst der Umgebung näher zu beschäftigen.
Am Rhein entlang fahre ich nach **Rhöndorf**. Hier wohnte der erste deutsche Bundeskanzler, Konrad Adenauer. Sein Haus in der ***Konrad-Adenauer-Str. 8***, das er 1936 baute und in dem er 1967 starb, ist zu besichtigen. Der Rosenliebhaber hinterließ auch einen prächtigen Garten voller Bäume, Sträucher und Blumen, Brunnen und Steinfiguren. Meine Route führt mich durch die netten Straßen von **Bad Honnef** mit Häusern aus dem 19. Jh. In der Strommitte liegt die Insel **Nonnenwerth** mit dem Kloster St. Clemens der Franziskanerinnen und einem privaten Gymnasium, das von Mädchen und Jungen besucht wird. Die Insel ist nicht jedermann zugänglich. Doch wer sich telefonisch anmeldet und sein Interesse an einem Besuch begründet, dem wird aufgetan. Auch Übernachtungen sind zu moderaten Preisen möglich.

Abstecher nach Nonnenwerth. Ich erreiche Nonnenwerth mit der Fähre von Bad Honnef nach Rolandseck, fahre 1 km stromabwärts zum Fährplatz Rolandswerth und darf, weil ich angemeldet bin auf die 2 km lange Insel übersetzen. Ein Park mit Mammutbäumen und einer prächtigen ***Platane*** empfängt mich. „Sie wurde von Friedrich Liszt gepflanzt und mit Sekt begossen", erfahre ich von der ehemaligen Musiklehrerin Sr. Michaele. ***Das Kloster*** diente im 19. Jh. als Gasthof und hatte viele prominente Gäste. Franz Liszt verbrachte hier drei Sommer mit der französischen Gräfin d'Argoult und seinen beiden Töchtern Blandine und Cosima. Cosima heiratete später Richard Wagner. Die Beziehung zwischen der Gräfin und dem Komponisten war unglücklich, was Liszt nicht vom Komponieren abhielt. Neun Fas-

„Das haben alles Frauen geschaffen."

Ausflug

sungen schrieb er von dem Lied Nonnenwerth. Das kleine Museum in dem schlossähnlichen Barockbau dokumentiert die bewegte Geschichte der Insel. „Hier herrschte jahrhundertelang eine Armut, das kann man sich kaum vorstellen", sagt Sr. Michaele. Doch die Nonnen haben es immer wieder gepackt, „weil Frauen etwas durchsetzen können, wenn sie es als gut erkannt haben".

Zurück am linken Rheinufer in **Rolandswerth** gibt es die Gelegenheit, den ***Rolandsbogen***, eine Ikone der Rheinromantik, zu besuchen. Der Anstieg durch einen Wildpark mit seltenen Tierarten in Freigehegen führt zu dem sagenumwobenen Bogen, der Rest einer Burg ist. Ritter Roland soll sie gebaut haben, um vom Morgen bis zum Abend voll Wehmut auf Nonnenwerth blicken zu können. Dort war seine Braut Hildegunde aus Trauer über seinen vermeintlichen Tod ins Kloster gegangen. Sage noch einer, der Rhein sei ein heiterer Strom.

Auf dem linken Ufer geht die Tour parallel zur B 9 weiter, vorbei an der Hafenbucht von **Oberwinter**. Am Ortsende Oberwinter folgt die Route der Bahntrasse. Der Promenadenweg bringt mich nach **Remagen** und zur Ruine der berühmten ***Brücke***. Am Ende des Zweiten Weltkrieges wurde die Stadt durch das „Wunder von Remagen" bekannt. Ohne große Verluste fiel den Amerikanern am 7. März 1945 die fast unversehrte Brücke über den Rhein in die Hände, nachdem zwei deutsche Sprengversuche gescheitert waren. „Die Brücke ist ihr Gewicht in Gold wert", rief General Eisenhower aus. Über die Brücke rollte nun ununterbrochen der Nachschub für die Alliierten. Doch nach zehn Tagen stürzte sie ein und riss 28 GI's in den Tod. In den zwei schwarzen Brückentürmen ist das ***Friedensmuseum*** eingerichtet. Hier wird die interessante Geschichte der Brücke in hervorragenden Fotos (Hilmar Pabel) und Dokumenten erzählt. Im und am Museum treffe ich eine seltsame Mischung von Menschen. Junge Deutsche, die sich für Militärgeschichte interessieren, alte Deutsche, die sich an die Zeit der Kriegsgefangenschaft auf den Rheinwiesen erinnern, einen aus Siebenbürgen ausgewanderten Amerikaner, der mir zu meiner Überraschung erzählt, dass er die neuen Nazis schrecklich findet, aber die alten seien feine Kerle gewesen ... Ein junger Amerikaner

Friedensmuseum

fasst seinen Eindruck zusammen: „Die Brücke gesprengt, und nun haben wir einen neuen Anfang." Der Rhein hat seine Rolle als Frontlinie ausgespielt. Raketen werden heute am Rhein nur noch als Feuerwerk abgeschossen, wenn das faszinierende Spektakel ***Rhein in Flammen*** in Szene gesetzt wird. Unter diesem Titel finden in bestimmten Sommernächten zwischen Rüdesheim und Bonn üppige Feuerwerke und Schiffskorsos statt, zu deren Vorbereitung in der Regel ein ordentliches Weinfest gehört.

Rhein in Flammen

Ich verlasse **Remagen** auf dem gut geteerten Uferweg. Der Fluss verbreitert sich. Rechts dehnen sich nun Gärten, Felder und Obstbäume aus. Hinter dem Ort Knipp überquere ich die Ahr auf einer überdachten Holzbrücke. Meine Strecke führt weiter durch das fruchtbare Mündungsgebiet der Ahr, „Goldene Meile" genannt, und erreicht in **Bad Breisig** die Rheinpromenade. Sollten hier zu viele Fußgänger promenieren, führt der offizielle Radweg durch den Ort und gelangt wieder an den Rhein. Dort überquert er den Vinxtbach, der die Südgrenze der römischen Provinz Niedergermanien bildete. Gleich hinter dem Bach führt ein Weg steil hoch zur ***Burg Rheineck,*** die nicht mehr besichtigt werden kann. In den alten Mauern wird heute an grenzüberschreitenden digitalen Konzepten gearbeitet.
Hinter der Abfahrt nach Burg Rheineck führt eine Landstraße oberhalb der Bahngleise nach **Brohl-Lützing**. Im Ort überquert die Route die Bahnlinie Richtung Rhein, kehrt aber nach wenigen Metern wieder in den Ort zurück und führt bei der Kirche über die Joseph-Leusch-Straße aus dem Ort heraus. Weiter geht's zwischen B 9 und Bahnlinie, bis sich nach einer Bahnunterführung auf Höhe der Insel Hammersteiner Werth der Weg durch Maisfelder und Obstbäume nach **Namedy** fortsetzt. Am Ende des Ortes verläuft der Radweg unterhalb der Autobahn.
Das Wahrzeichen **Andernachs**, der Runde Turm, kommt in Sicht, der Weg unterquert die Bahn und führt auf die Andernacher Promenade. Der am Rhein stehende ***Kran*** aus dem Jahr 1559 ist immer noch gebrauchsfertig. Mittels großer Treträder wurden hier Mühlsteine aus der Eifel verladen. In Andernach sind noch viele Teile der alten ***Befestigung*** erhalten. Kunstfreunde bewundern die viertürmige ***Marienkirche*** als eines der kostbarsten Werke der rheinischen Romanik. Viel-

X Byteburg

Die „Byteburg"

Burg Rheineck heißt jetzt Byteburg. Auf ihr hat sich Kai Krause niedergelassen, der nicht nur einer der weltweit bekanntesten Software-Spezialisten, sondern auch ein Philosoph der digitalen Welt ist. Der Dortmunder begann als Musiker, ging Mitte der 70er Jahre nach Kalifornien, entwickelte führende Bildbearbeitungsprogramme und kehrte an den Rhein zurück. 2000 kaufte er die Burg Rheineck und 2001 die Burg Hemmersbach bei Köln. „Wir wollen hier keine Ritterspiele spielen", sagt der schnauzbärtige, langhaarige Mann mit den glitzernden Augen, „sondern eine Ideenschmiede schaffen. ... Stahl und Kohle sind nun endgültig nicht mehr der Antrieb des Landes. Die Kinder der nächsten Generation werden nicht den Kopf in den Sand stecken können, was Computer, Internet und Technologie allgemein betrifft. Das soll keine Vision einer bunten Welt sein, ‚alles wird gut durch Technologie'. Ich halte es für unausweichlich, die kommenden Probleme mit tiefem Verständnis und unter Nutzung der Möglichkeiten anzugehen. Mit Technologie als Werkzeug. Nicht mehr und nicht weniger." Die eiserne Pforte zur Byteburg ist nicht für jedermann zu öffnen. Doch wer sie besichtigen oder sich bewerben will, klickt auf ***www.byteburg.de.***

leicht wäre aus einem Kind Andernachs jemand anderes geworden, wenn es länger hier gelebt hätte. In der ***Aktienstraße 12*** kam am 16. August 1920 Charles Bukowski zur Welt. Drei Jahre später verließ er mit seinen Eltern Katharina Fett und dem Amerikaner Henry Bukowski Deutschland und wurde ein berühmter Dichter.

„Hier ist eins für die Tellerwäscher in Germany", schrieb er,
„ihr habt den abgefuckten Charme
einer Armee
ohne Kanonen ...
wie verpisste Ameisen
auf Treibsand ...
so ein Mann war ich
auch
mal."

Segendorf
Rodenbach
Nauort-
Bendorf
Heimbach
Neuwied
Ander-
nach
B42
A48
Höhr-
Grenzhausen
Rhein
Weißenthurm
Mülheim-
Kährlich
Hillscheid
Vallendar
B9
Neuen-
dorf
Urbar
Eitelborn
A61
Metternich
Ehrenbreitstein
Koblenz
A48
Bad Ems
B416
Ems
Mosel
B9
Kobern
Schloss Stolzenfels
Lahnstein
B49
A61
Gondorf
Waldesch
B42
Braubach
Rhens
Marksburg
Spay
B416
Bornhofen
B49
Boppard
Burg Sterrenberg
„Feindliche Brüder"
Burg Liebenstein
Bad Salzig
B42
A61
Burg
Maus
Hirzenbach
Sankt
Goars
hause
Rhein
B9
Emmels-
hausen
Sankt Goar
Burg Katz
Loreley
Oberwesel

Tour 10

Die Fee vom Felsen

Von Andernach nach St. Goar

Ich verlasse **Andernach** über die Koblenzer Straße, biege beim Friedhof links Richtung Rhein ab, überquere die Schienen einer Werksbahn, folge ihnen, bis ich nach 300 m links abbiege und das nächste Schienenpaar kreuze. Nun fahre ich wieder auf dem Uferweg. Nach 2 km erreiche ich **Weißenthurm** und eine große Brücke.

Ausflug

Abstecher nach Neuwied. Über die Brücke gelange ich aufs rechte Ufer nach **Neuwied**. Von der Brücke habe ich einen Blick auf das Neuwieder Becken, auf Industriezonen und Naturschutzgebiete rheinaufwärts. Das Becken entstand durch die gleichen Erdbewegungen vor 50 Millionen Jahren, die auch den Oberrheingraben einsinken ließen. Vor etwa 100 000 Jahren, siedelten auf den Rheinterrassen Menschen der Steinzeit. Vor 2 000 Jahren hat Julius Cäsar in dieser Gegend eine Brück über den Rhein geschlagen. Das ***Kreismuseum*** in Neuwied am Raiffeisenplatz zeigt viele außergewöhnliche Funde aus der Steinzeit, z. B. Schiefertafeln, auf denen tanzende Menschen eingraviert sind. In den Abteilungen der jüngeren Geschichte werden raffinierte Möbel des Schreiners David Roentgens ausgestellt, dessen Arbeiten an den europäischen Höfen hoch geschätzt wurden.

Auf dem linksrheinischen Ufer setzt sich die Route auf dem Treidelpfad fort, am Atomkraftwerk Mülheim-Kärlich vorbei, streift **Urmitz** und unterquert eine alte Eisenbahnbrücke, die auch für Radler befahrbar ist. An dieser Stelle hat möglicherweise Cäsar seine Rheinbrücke gebaut, von hier führt ein Weg nach Engers.

Ausflug

Abstecher nach Engers. In Engers lädt das barocke ***Lustschloss***, das unmittelbar am Rheinufer liegt, zur Besichtigung ein. Seine schmiedeeisernen Arbeiten, prachtvollen Deckengemälde und der Spiegelsaal werden gerühmt.

Lustschloss Engers

Linksrheinisch geht's weiter an **Kaltenengers** vorbei. Vom gegenüberliegenden Ufer grüßt das Schloss Engers. Hinter der Autobahnbrücke taucht im Strom die Insel Niederwerth auf, die der Gemüselieferant für Koblenz und Umgebung ist. Ich umfahre den Industriehafen von **Kesselheim** und kehre über die Fritz-Ludwig-Straße auf den Uferweg zurück. Die Route führt dicht am Rhein entlang an den Koblenzer Vororten **Neuendorf** und **Lützel** vorbei, bis ich auf dem Schartwiesenweg einen Campingplatz erreiche. Ich mische mich unter die Camper und gehe ans Ufer, um einen ersten Blick auf die Mündung der Mosel und das ***Deutsche Eck*** zu werfen. Den Zusammenfluss von Mosel und Rhein nannten die Römer „ad confluentes", wovon sich der Name Koblenz ableitet. Zurück auf dem Schartwiesenweg muss ich am Hafenbecken rechts fahren, biege links in die Neuendorfer Straße und erreiche beim Schüllerplatz die mittelalterliche Balduinbrücke. Ich bin an der Mosel! Hier bin ich versucht, den Rhein zu verlassen und eine süffige Radtour durch die Moselschleifen zu machen. Doch bleibe ich dem Rhein treu, den ich vom Deutschen Eck aus betrachte, das ich über das Altmaier Ufer erreiche.

Hier lockt die Mosel

Das 14 m hohe und 63 t schwere ***Reiterdenkmal Kaiser Wilhelms*** wurde 1897 am Deutschen Eck aufgestellt. Kurt Tucholsky nannte es einen Faustschlag aus Stein. Im März 1945 schoss ein amerikanischer Artillerist den Kaiser vom Sockel. 1953 bestimmte Bundespräsident Heuss die monumentalen Sockelbauten zum Mahnmal der deutschen Einheit. Als diese kam, wurde drei Jahre lang diskutiert und viel Geld gespendet, bis 1993 die Koblenzer ihren Kaiser Wilhelm wieder hatten. Ob Kaiser oder Bettelmann, der Blick auf den Strom und die Feste Ehrenbreitstein am anderen Ufer bleibt für alle majestätisch.

Bei einem Spaziergang durch die Koblenzer ***Altstadt*** entdecke ich rheinseitig das alte ***Ordenshaus des deutschen Ritterordens***, in dem sich jetzt ein Museum moderner Kunst befindet. Gleich nebenan steht die romanische Kastorkirche, in der ich vergeblich die Ruhestätte des hl. Castor suche. Ich wende mich dem Moselufer zu. Am Florinsmarkt liegt das ***Mittelrheinmuseum*** mit vielen Zeugnissen der geschichtsreichen Stadt. An der Münzstraße in der Nähe der Balduinbrücke steht das ***Haus Metternich***, in dem der berühmte Diplomat des 19. Jh. geboren wurde. Vor den Metternichs gehörte das Haus der Familie von Bachem. Auch hier suche ich vergeblich, diesmal nach einer Spur meines Verlegers. Ich schlendere weiter durch die Gassen, um in der Gymnasialstraße den ***Schlängelbrunnen*** zu finden. Die Brunnenfigur ist ein Lausbub, der demjenigen, der ihm zu nahe kommt, eine Dusche verpasst. Eine schöne Variation meines Reisethemas: das Wasser, der Rhein. Auf dem rechten Ufer, in der Charlottenstraße, befindet sich das ***Rheinmuseum***. Hierher gelange ich über die Pfaffendorfer Brücke, weiter am Ufer ca. 1 km stromabwärts. Ganz in der Nähe liegt 120 m über dem Rhein die Festung ***Ehrenbreitstein***, die ein Paradebeispiel preußischer Architektur des Klassizismus ist. Von der Terrasse habe ich eine weite Aussicht auf Koblenz, die Eifel und den Hunsrück. Schön ist auch, dass an diesem herrlichen Platz kein Luxushotel, sondern eine Jugendherberge steht. So kommt es, dass hier jeden Abend in der Saison junge Leute aus aller Welt den Blick auf die beiden Flüsse im Licht der untergehenden Sonne genießen. Im 4. Jh. n.Chr. besang der römische Dichter Ausonius diesen Ort:

> „Jetzt breite aus, du Rhein, den tiefblauen Bausch
> und dein wassergrünes Gewand,
> bemiss deiner Flut neue Breite,
> denn Brudergewässer sollen sie mehren."

Am Deutschen Eck beginnt die Ausfahrt aus **Koblenz** immer an den Rheinanlagen am Ufer entlang. Ich passiere das Schloss, unterquere die Pfaffendorfer Brücke, bleibe am Ufer, bis ich bei den Tennisplätzen links in die Mozartstraße biege. Geradeaus weiter, über einen Kreisverkehr, treffe ich wieder auf den Rhein. Dort rechts in die Uferstraße, die nach der Südbrücke in einen Waldweg mündet. Es geht an der Brauerei Königsbacher vorbei, teilweise auf Schotter, bis kurz nach der Mündung der Lahn am rechten Ufer die Auffahrt zur Burg Stolzenfels abzweigt.

Burg Stolzenfels

Die ***Burg Stolzenfels*** ist zu besichtigen. Sie wurde, wie viele andere Baudenkmäler am Rhein, von den Hohenzollern wieder aufgebaut. Die Franzosen mussten sich 1815 von weiten Teilen der Rheingrenze zurückziehen. Jetzt hatten die Preußen die Macht am Rhein. Viele Burgen wurden im neugotischen Stil

Tal der Weltkultur

Mit Burg Stolzenfels beginnt das eigentliche burgengekrönte romantische Rheintal. Der Rhein hat auf der Gebirgsstrecke zwischen Koblenz und Bingen keine Möglichkeit auszuufern. Er muss sich durch die Felsen des Rheinischen Schiefergebirges beißen.

18 Burgen und Ruinen zähle ich auf der Karte, andere kommen auf 40. Die meisten wurden im Mittelalter gebaut und von den Franzosen im 17. und 18. Jh. zerstört. Die Ruinen fanden bald Bewunderer. Aus England kamen immer mehr Reisende, deren Leidenschaft für pittoreske Landschaften und historische Orte am Rhein Erfüllung fand.

Während die Deutschen noch gotische Kapellen als Steinbrüche benutzen, wanderten immer mehr Engländer auf unbequeme Höhen, dichteten, zeichneten und aquarellierten am Rhein, wie Mary Shelley, Lord Byron, William Turner. Die jungen, deutschen Dichter der Post-Sturm-und-Drang Generation, etwa Moritz Arndt und Clemens von Brentano, nahmen den Trend auf und gaben einem neuen Lebensgefühl Ausdruck: der Romantik. Die Rheinromantik währt nun schon rund 200 Jahre, findet immer neue Spielformen und Anhänger auf allen Kontinenten.

Grund genug für die UNESCO, das romantische Rheintal zum Weltkulturerbe zu erheben. Der Fährmann Kalli aus Lorch antwortet auf die Frage, ob er den Rhein romantisch findet: „Die Fremden sagen immer, wir wüssten gar nicht, wie schön es hier ist. Aber wenn man hier wohnt, dann ist das ganz normal, die ganzen Burgen und so." „Und warum sind Burgen romantisch?" „Weil sie halt nicht überall stehen", sagt er lachend.

wieder aufgebaut und dienten der neuen Macht als Kulisse. Auf dem rechten Ufer liegt die ebenfalls im 19. Jh. restaurierte Burg Lahneck. Als sie noch eine Ruine war, fuhr Goethe in einem Kahn an ihr vorbei und dichtete den „Geistesgruß":

„Hoch auf dem alten Turme steht
Des Helden edler Geist,
Der, wie das Schiff vorübergeht,
Es wohl zu fahren weiß ...

Mein halbes Leben stürmt ich fort,
Verdehnt die Hälft' in Ruh',
Und du, du Menschenschifflein dort,
Fahr immer, immer zu."

Alternative Route am rechten Ufer

Das Schifflein nach **Lahnstein** legt an der Fährstelle ab, die am Uferweg liegt. Auf dem rechten Ufer ist Lahnstein mit seiner ***Burg Lahneck*** ein schönes Ziel. Weiter südlich, hinter der Blei- und Silberstadt **Braubach**, liegt hoch über dem Fluss die ***Marksburg*** mit bemerkenswerter Aussicht. Die Marksburg ist die einzige Burg am Rhein, die nicht zerstört wurde. Imposant ist die Große Batterie und der Rittersaal mit Rüstungssammlung, köstlich der mittelalterliche Kräutergarten. Auf das linke Ufer geht es wieder mit der Fähre in **Boppard**.

Burg Lahneck

Auf dem linken Ufer komme ich nach der Lahnsteiner Fährstelle nach **Rhens**. Um einen Blick auf das alte Rathaus zu werfen und meine Wasserflaschen mit dem leckeren Rhenser Sprudel zu füllen, mache ich einen Schlenker durch die Stadt. In Rhens wurde im Mittelalter große Politik gemacht. Hier wurden im 14. und 15. Jh. die deutschen Könige und Kaiser gewählt. Das klobige ***Königsstuhldenkmal*** auf einer Anhöhe der Stadt erinnert an diese Zeit.
Zurück auf dem Treidelpfad jenseits der Bahnlinie am Rhein führt die Route durch **Spay**, wo ein Stein informiert, dass hier die Hälfte der Strecke zwischen Rotterdam und Basel zurückgelegt ist, 414 km.

Bopparder Schleife

Am Ortsende biege ich auf dem Radweg der B 9 in die Bopparder Schleife ein, die größte Schleife des Rheins auf seiner Laufbahn. Einen rasanten Blick auf die große Kurve hat man 200 m über dem Fluss von der ***Gereonshöhe***, zu der ein Sessellift führt. 3 km zieht sich **Boppard** am Rhein entlang. Es gibt zwei schöne Kirchen. In der ***Severuskirche*** sind das staufische Altarkreuz und das zwölfsternförmige Gewölbe bemerkenswert. Die ***Karmeliterkirche*** ist reich an spätgotischem Schnitzwerk mit humorvollen Motiven. Das ***Stadtmuseum*** in der Burgstraße hat eine große Sammlung ***Thonetstühle***. Der Erfinder, Michael Thonet, stammt aus Boppard. Er bog hier um 1830 zum ersten Mal Hölzer zu dem Stuhl, der bis heute ein Klassiker ist.

Die „Gebirgsstrecke"

Wieder am Rhein, beobachte ich eine Ruderregatta des Ruderclubs. Jugendliche und nicht mehr ganz junge Frauen und Männer kämpfen gegen Strömung, Wind und Wellen, und sie müssen auch den kommerziellen Schiffsverkehr im Auge behalten. Eine Mutter von zwei volljährigen Kindern rudert seit 10 Jahren: „Wenn einer einmal im Ruderboot saß, der kommt so schnell nimmer los." 20 km rudert sie in der Woche „spazieren" und liebt die Abende, wenn sich die Hänge im Herbst bunt färben. Meine Route setzt sich fort auf dem Radweg der B 9, deren Verkehr mich nicht anficht. Ich passiere **Bad Salzig**. Eine Fähre führt ans gegenüberliegende Ufer. Hier liegen die ***Burgen Sterrenberg*** und ***Liebenstein***, genannt „Die feindlichen Brüder". Heine erzählt die Geschichte des Zweikampfs im gleichnamigen Gedicht.

„Gräfin Lauras Augenfunken
Zündeten den Bruderstreit.
Beide glühen liebestrunken
Für die adlig holde Mai

Welchem aber von den beiden
Wendet sich ihr Herze zu?
Kein Ergrübeln kann's entscheiden –
Schwert heraus, entscheide du!"

Die beiden sollen noch heute zur Geisterstunde den Kampf fortsetzen. Hinter Bad Salzig wird das Tal wieder enger. Auf dem Rhein stampfen Schiffe schäumend gegen den Strom. In der Gegenrichtung „fliegen" die Schiffe vorüber. Immer wieder tauchen auch Paddler in den Wellen auf. Die Hänge sind hoch, mit Büschen und Bäumen bestanden, oft sind verwilderte Reste von Weinbergen zu sehen. Offensichtlich wird zu wenig getrunken, denn hier lohnt der Weinbau nicht mehr. Nach einer be-

waldeten kleinen Insel erscheint auf dem rechten Ufer die ***Burg Maus***. Ich fahre an einem Bojenlager mit leuchtfarbenen Bojen vorbei. Der Bojenleger ist ständig unterwegs, um die Fahrrinne zu markieren, denn der Mittelrhein bleibt trotz Vertiefung ein gefährliches Fahrwasser. In den 70er und 80er Jahren wurde er für Schubschiffe tauglich gemacht. Sie haben die alten Rheinschleppzüge abgelöst. Die neuen Schiffe können fast 200 m lang sein, haben starke Dieselmaschinen, Funk, Radar, und Ruder sogar am Bug. Immer weniger Schiffe mit immer weniger Personal befördern immer mehr Fracht. Auch die Lotsen sind überflüssig geworden. 1983 wurde in St. Goar die Lotsenstation geschlossen.

Bojen und Burgen

Rechts über mir erscheint die finstere Ruine der einst mächtigen ***Burg Rheinfels*** am Bergrand. Jetzt bin ich in **St. Goar**. Auf dem rechten Ufer liegt **St. Goarshausen**, überragt von der ***Burg Katz***. Die Katz gehörte den Grafen Katzenelnbogen, die Maus den Erzbischöfen von Trier. Die Katzenelnbogener Herren verspotteten die kleinere Nachbarburg als Maus. Eine Besichtigung der Maus ist möglich. Die Katz dagegen bleibt vorläufig geschlossen, bis sie als Hotel eröffnet wird.

In der Fußgängerzone von St. Goar begrüßt mich die gigantische Kuckucksuhr eines Souvenirshops. Gegenüber sind Bierseidel von Fingerhut- bis Pollergröße zu kaufen. Die Zeichen sind unübersehbar: Ich bin in einem Touristenmekka gelandet. Doch die Fremden kommen nicht mehr in dichten Scharen wie früher. Ich mag den vergilbenden Charme

Was soll es bedeuten?

Grüße von der Loreley

des Städtchens, das vor und nach dem Krieg bei Bürgern wie Bohème gleichermaßen beliebt war, wie zum Beispiel beim scharfäugigen Maler Otto Dix, der hier lebte. Aber in St. Goar hat davon noch niemand etwas gehört. Würde er den „Loreley Döner" zeichnen? Würde er heute hier leben?

Die ***Loreley*** zieht Menschen von nah und fern, oft von sehr, sehr fern, an den Flusskilometer 555. Beim Ruderclub von St. Goar lerne ich Kurt kennen, einen pensionierten Juristen, der im Ort geboren ist. Als Kind schwamm er mit seinen Freunden im Rhein. Die Warnung aus jener Zeit klingt ihm noch im Ohr: „Ihr müsst vor der Untermutter aufpassen. Die zieht euch bis auf den Grund." Damit meinten die Erwachsenen die gefährlichen Strömungen, die es auch heute noch gibt. Beim Loreleyfelsen ist mit 25 m die tiefste Stelle des Rheins.

Kurt zeigt mir einige alte Bilder von der Loreley. Auf ihnen erkennt man, wie gefährlich eng der Fluss damals an dieser Stelle war. Doch die Felsnase der Loreley bekam eine Schönheitsoperation, damit Eisenbahn, Bundesstraße und Ufermauer gebaut werden konnten. Wir fahren an dem ehemaligen Lotsenhäuschen und dem Campingplatz vorbei zu meinem Hotel, genau gegenüber dem 130 m hohen Schieferfelsen. An beiden Ufern und im Fluss herrscht reger Verkehr. Auf dem rechten Ufer dehnt sich eine Mole mit einer 3 m hohen bronzenen Loreley im Pin-up Stil an der Einfahrt eines kleinen Yachthafens. Früher lagen hier die Boote der Salmfischer. Der Fischbestand ist zwar größer geworden, aber die letzten Lachse wurden 1925 gefangen. Hier ist also die weltberühmte Stelle, wo

„Den Schiffer im kleinen Schiffe
Ergreift es mit wildem Weh;
Er schaut nicht die Felsenriffe,
Er schaut nur hinauf in die Höh."

Dort oben auf der Loreley-Freilichtbühne wird mit Rock-, Pop- und Jazzkonzerten die musikalische Tradition fortgesetzt. Begonnen hatte sie mit dem „Märchen der Zauberin Lore Ley", das Clemens von Brentano 1801 veröffentlicht hatte. 1823 schrieb Heinrich Heine das Gedicht, das fragend beginnt: „Ich weiß nicht, was soll es bedeuten …" Friedrich Silcher vertonte es 1829 in Tübingen. Ein Hit war geboren.

Tiefste Stelle des Rheins

Mit Kurt fahre ich zum ***Gedenkstein*** für die drei Urheber des Mythos. Zuerst geht es 1 km stramm bergan Richtung Burg Rheinfels, bis wir in **Biebernheim** das Plateau erreichen. Hier halten wir uns links auf den Feldwegen, immer möglichst nahe an der Kante der Flussterrasse. Der überdachte Blickpunkt ist nicht zu verfehlen. Die Aussicht auf den Felsen, die Kurve und das Rheintal ist großartig. Die breiten Schubschiffe, die hoch bepackten Containerschiffe und die vielen Ausflugsdampfer navigieren vorsichtig um die Biegungen. Kurt will mir noch einen zweiten Blick zeigen. Wir fahren ein bisschen landeinwärts, bis wir die geteerte Landstraße erreichen. Hier links bis nach **Urbar**, wieder links in die Heinestraße, weiter links halten, bis nach einer kleinen Wirtschaft der Blickpunkt kommt. Von hier aus gesehen, liegt der Felsen frontal vor mir, was nicht mehr ganz so beeindruckend ist. Trotzdem ist es ein schöner Ort mit Bäumen, Bänken und dem Gedenkstein für die drei Männer der Loreley: Erzähler, Poet und Komponist. Hätte ich mein Gepäck mitgenommen, könnte ich von hier aus weiterfahren und nach einer berauschenden Abfahrt durch die Weinberge meine Tour in Oberwesel fortsetzen; stattdessen fahre ich ins Hotel zurück und genieße einen Dämmerschoppen.

Fischer früher und heute

0
6 km
Sankt Goarshausen
Burg Katz
ankt Goar
Loreley
Bornich
B9
B42
Ober-wesel
Weisel
Kaub
Pfalz
Sauertal
Bacharach
Burg Stahleck
B42
Lorch
Schloss Fürstenberg
Burg Hohneck
Niederheimbach
B9
Trechtingshausen
Asmanns-hausen
Niederwald-denkmal
Rüdesheim
Schloss Johannisberg
Schloss Vollrads
Oestrich-Winkel
Kloster Eberbach
Kiedrich
Eltville
Walluf
Mäuseturm
Weiler
Bingen
A60
Gau-
Ingelheim
A61
Bad Schwalbach
Taunusstein
Wehen
Bleiden-stein
B455
Schlangenbad
B260
Wiesbaden
Bierstadt
Dotzheim
Budenheim
Freudenberg
Erbenheim
A66
Biebrich
A643
Buden-heim
Kastel
Mainz
Heidesheim
Wackernheim
Bretzenheim
Weisenau
A60
Lerchenberg
Hechtsheim

Tour 11

Lagen und Gelage

Von St. Goar nach Mainz

Die letzte Etappe am Mittelrhein führt durch die südliche Hälfte der Gebirgsstrecke des Rheins von St. Goar zum Binger Loch. In Niederheimbach oder in Bingen muss man sich entscheiden, ob die Etappe bis Mainz auf dem rechten oder linken Ufer gefahren wird. Das südliche linke Ufer ist einfacher zu fahren und verkehrsärmer. Das nördliche Ufer führt durch interessantere Orte wie Rüdesheim oder Wiesbaden. Es gibt Möglichkeiten für Abstecher zur Germania Statue oder dem Kloster Eberbach. Am rechten Ufer herrscht wesentlich mehr touristischer Rummel. Wem es dort zu bunt wird, findet bald einen stillen Weg an dem größtenteils naturbelassenen Ufer.

St. Goar verlasse ich beim Lotsenhaus an der B 9, grüße noch einmal die Loreley und folge nun der B 9 auf dem Radweg. Ich passiere ein großes Lichtzeichen am Ufer, dass dem bergfahrenden Schiffsführer ankündigt, wie groß das Schiff ist, das ihm entgegenkommt. Die Berge sind bewaldet. Nach einer Linkskurve kann ich tief in das Rheintal schauen. Rechts liegt **Oberwesel** mit seinem Wahrzeichen, dem Ochsenturm.

Signal für „Freie Fahrt"

Ausflug

Abstecher nach Oberwesel. Nach Oberwesel muss ich rechts ab und die Bahnlinie unterqueren. Oberwesel hat sein altes Stadtbild gut erhalten, obwohl die Stadt im 17. und 18. Jh. sehr gelitten hat. „Heute gleicht Oberwesel einem alten Soldaten, der Winzer wurde", schrieb Victor Hugo 1838. Oberwesel zählt zu den größten Weinbaugemeinden des Mittelrheins. Hoch über der Stadt liegt die ***Schönburg***, die von mehreren Zweigen einer Familie bewohnt wurde und daher aus sehr unterschiedlichen Bauformen besteht. Um 1900 wurde sie von dem amerikanischen Millionär Oakley Rhinelander gekauft und restauriert. Heute ist sie ein Hotel. Stilistisch rein ist die Marienkirche, auch ***Rote Kirche*** genannt. Ihr „Goldaltar" ist einer der frühesten und wertvollsten Schnitzaltäre des Rheinlands.

Die Route bleibt weiter auf dem Radweg an der B 9. 3 km hinter Oberwesel, gegenüber von **Kaub**, liegt mitten im Strom wie ein Schlachtschiff die ***Burg Pfalzgrafenstein***, meist Pfalz genannt. Sie diente vom 14. Jh. bis 1876 als Zollstation und wurde nie erobert. Mehrere Pfalzgräfinnen und Kaiserinnen sollen hier ihre Niederkunft erwartet haben, da die Wehen inmitten des Stroms leichter zu ertragen gewesen sein sollen. Während der Befreiungskriege gegen Napoleon nutzte Marschall Blücher in der Neujahrsnacht 1813 / 14 die Insel, um den Rhein zu überqueren. Ein Denkmal am Radweg erinnert daran. Die „Pfalz" kann besichtigt werden und ist mit der Fähre zu erreichen.

Nie erobert: die Pfalz

Bacharach

Nach einer Flussbiegung, in der zwei Inseln liegen, komme ich nach **Bacharach**, einer viel besungenen und oft gemalten Stadt. Ich unterquere die Bahnlinie, fahre durch eins der alten Stadttore und bin in einem Wallfahrtsort der Rheinromantiker. Blumengeschmückte Fachwerkhäuser, die zinnenbestückte Peterskirche, Kneipen und Restaurants mit unzähligen Erinnerungsstücken an die mehr oder weniger berühmten Besucher. Besucher gibt es mehr denn je, per Bus, mit PKW und mit Schiff. Ich warte auf eine Lücke im Strom der Menschen und mache einen Ausflug auf den grauen Postenturm mitten in den Weinbergen. Von hier habe ich einen Blick auf das Städtchen, das so knorrig ist wie eine alte Rebe. Gekrönt wird der Ort von der ***Burg Stahleck***, die heute eine Jugendherberge ist. Am Südrand der Stadt steht über den Dächern wie ein altrosa Krönlein die Ruine der gotischen ***Wernerkapelle***.

Hinter Bacharach, beim Campingplatz, verlässt die Route den Radweg der B 9 und führt zwischen Ufer und Bahnlinie nach **Niederheimbach**. Hier muss ich mich entscheiden. Geradeaus geht es über Bingen und das linke Ufer nach Mainz. Mit der Fähre komme ich aufs rechte Ufer und fahre über den Rheingau zum Etappenziel.

Die linksrheinische Route verläuft weiter auf dem Treidelpfad am Ufer. Ich passiere Niederheimbach und die ***Burg Sooneck***, die besichtigt werden kann. Sie klebt an einem Steilhang, wurde ab 1842 restauriert, mit schönen Terrassengärten versehen und mit Biedermeier-

Die Wernerkapelle

1836 von Carl Gustav Carus gemalt, wurde sie zur Ikone der romantischen Bewegung. Der Maler schrieb beim Anblick der Ruine in sein Tagebuch: „Ich gestehe, ein so sonderbares, neues, und doch so heimatliches Gefühl nie gehabt zu haben." Die Kapelle wurde zu Ehren des 1287 ermordeten Knaben Werner gebaut, über dessen Leichnam Wunderdinge berichtet wurden. Der Mord wurde später als jüdischer Ritualmord bezeichnet. Die Folge waren grauenhafte Pogrome. Heinrich Heine hat die traurige Geschichte in dem Fragment „Der Rabbi von Bacharach" erzählt, im Stil einer romantischen Schauergeschichte, doch mit realem Hintergrund. Das Erwachen der Frau des Rabbi in einem Nachen auf den sanften Wellen des Rheins beschreibt Heine: „Immer geschieht es, dass auch der betrübteste seltsam beruhigt wird, wenn er in der Frühlingsnacht, in einem leichten Kahne, leicht dahinfährt auf dem lieben klaren Rheinstrom. Wahrlich, der alte gutherzige Vater Rhein kann's nicht leiden, wenn seine Kinder weinen, tränenstillend wiegt er sie auf seinen treuen Armen, und er erzählt ihnen seine schönsten Märchen und verspricht ihnen seine goldigsten Schätze, vielleicht gar den uralt versunkenen Niblungshort."

Ich habe keinen Kahn, sondern ein Rad. Wenn meine Kette surrt und meine Räder auf dem Uferweg schnurren, wenn die alten Häuser und neuen Schiffe vorüberziehen, wenn ich zu den burgenbestückten Bergen hochsehe, denke ich daran, dass der Rhein sich von da oben bis hier unten durchgearbeitet hat und uns diese wunderbare Landschaft gegeben hat. Erst seit zwei Generationen haben wir Frieden an diesen Ufern. Das ist das echte Rheingold.

Wernerkapelle, Peterskirche, Postenturm

X Das Binger Loch

Viele Opfergaben, die Archäologen hier gefunden haben, bezeugen, dass zu prähistorischen, keltischen und römischen Zeiten diese Stelle, an der der Rhein sich durch das Schiefergebirge durchzuarbeiten beginnt, eine besondere Bedeutung gehabt haben muss. Im Mittelalter fanden die Schiffsleute schmale Durchfahrten durch die Untiefen. Etwa ab 1300 wurde an dieser Stelle Zoll erhoben. Der Mäuseturm mitten im Strom war Signalstation der Zollstelle des Mainzer Erzbischofs in der Burg Ehrenfels, die auf dem steilen rechten Ufer gegenüber als Ruine aufragt. Auf 6,5 m war die Durchfahrt Ende des 18. Jh. erweitert. Immer wieder kam es zu Unfällen. Oft mussten die Waren umgeladen und auf dem Landweg an der gefährlichen Enge vorbei transportiert werden. Nach den Befreiungskriegen Anfang des 19. Jh. nahm der Handel auf dem Rhein zu. Neben der Burgenrestaurierung kümmerten sich die Preußen auch um die Verbreiterung des tückischen Lochs. Ein Gedenkstein an der B 9 bei der Einfahrt nach Bingerbrück erinnert an die gefährlichen Arbeiten. Hinter einem Stauschild wurden die Löcher in den Quarzit geschlagen und mit Schwarzpulver gefüllt. Nach der Sprengung wurden die Felsbrocken mit Greifarmen aus dem Fluss gehoben. Der Gedenkstein besteht aus einem solchen Brocken. Jede folgende Generation verbreiterte nun die Passage, denn die Schifffahrt auf dem Rhein nahm weiter zu. Der Verkehr kann nur so schnell fließen, wie es das Nadelöhr seiner engsten Stelle zulässt. Gefährliche Folgeerscheinungen, wie die Verringerung des Wasserpegels oberhalb der Gefahrenstelle, stellten die Ingenieure vor komplizierte Aufgaben. 1974, nach 200 Jahren Bauzeit, durchfuhren die ersten Schiffe die nun 120 m breite und 1,90 m tiefe Fahrrinne.

Kormorane in den Stromschnellen

Alles strömt rheinauf, rheinab

Möbeln eingerichtet. Hinter **Trechtingshausen** ist die alte ***Raubritterburg Reichenstein*** zu besichtigen. Sie wurde im englischen Tudor-Stil restauriert. Ihr folgt bei Rheinkilometer 533, nahe der Straße, die malerische ***Burg Rheinstein***. Der große Baumeister Carl Friedrich Schinkel hat die Pläne für die Restaurierung entworfen. Auf dem rechten Ufer erscheint nun Asmannshausen. Der Fluss weitet sich. Das einst von den Schiffern gefürchtete Binger Loch mit Riffen aus Quarzgestein in der Strommitte kommt in Sicht. Auf einer kleinen Insel steht der rot-weiße ***Mäuseturm***. Nach einer Legende wurde hier ein mordender Erzbischof von Mäusen gefressen. Doch die historisch verbürgte Aufgabe der Turmbesatzung war, für das Erzbistum Mainz „Mäuse" von den vorbeifahrenden Schiffern abzukassieren.

Der Radweg überquert die Bahnanlagen von **Bingerbrück**, folgt der B 9, biegt auf der Bingerbrückener Straße links ab. Auf der Brücke über die Nahe halte ich, um die soliden Bögen der ***Drususbrücke*** zu betrachten. In der Brückenkapelle haben seit Jahrhunderten Reisende für einen guten Verlauf ihrer Reise gebetet. Ich biege zum Rheinufer ab, halte mich links, um zur Mündung der Nahe zu kommen, dem ***Nahe Eck***. Hier habe ich einen schönen Blick auf die Talpforte, in die der Rhein strömt, den Mäuseturm und die Ruine Ehrenfels. Ein paar Meter rheinauf befindet sich das ***Historische Museum am Strom***. Hier gibt es das chirurgische Besteck eines römischen Arztes zu sehen, das bei **Bingen** ausgegraben wurde. Die Hildegard-von-Bingen-Abteilung beschreibt Leben und Werk der Benediktinerin (1098-1179), deren Gedanken und Visionen heute wieder große Popularität gewonnen haben. Mitten in der Stadt liegt die oft zerstörte und wieder aufgebaute ***Burg Klopp*** mit dem Heimatmuseum.

Mäuseturm

Ausflug

„Acht Maß mit Gott"

Abstecher zur Rochuskapelle. Östlich vom Museum trete ich die mäßige Steigung der Rochusallee hoch. Der alte Wallfahrtsweg soll mich zur ***Rochuskapelle*** bringen, die durch die humorvolle Geschichte Goethes „Das Sankt-Rochus-Fest zu Bingen" bekannt ist. Sie beschreibt eine Reise von Wiesbaden nach Rüdesheim, die das anheimelnde Lebensgefühl dieser Gegend vermittelt. Auf dem Rochusberg wurde am 16. August 1814 die im Krieg 1794 zerstörte und nun wiederaufgebaute Kapelle mit einem üppigen Fest geweiht. Goethe, der sich über die Trinkfreude der Binger wunderte, wurde an die Fastenpredigt des Weihbischofs erinnert, deren Quintessenz heißt: „Der Missbrauch schließt den Gebrauch nicht aus." Nachdem der Prediger eindringlich vor den Gefahren des Missbrauchs gewarnt hatte, dankte und lobte er Gott, der ihm die besondere Gnade verliehen habe, „acht Maß trinken zu dürfen".
Auf der Höhe angekommen, bin ich ins Schwitzen geraten. Ich fahre links in den Kastanienweg und erreiche die Kapelle. Eine verschmockte neugotische Kirche aus lachsrosa Sandstein steht am Ende des Weges. Ein Flugblatt klärt mich darüber auf, dass ein Blitzschlag die Kapelle aus Goethes Tagen 1889 vernichtete. Das Betreten des Inneren wird durch ein Gitter verhindert. Doch die Fahrt hat sich trotzdem gelohnt. Ich umfahre den Bau und entdecke einen wahrlich göttlichen Blick auf den Rüdesheimer Berg und das Rheintal. Einen Aussichtspunkt am Ende des kleinen Parks zeigt den glitzernden Rhein, der sich hinter Mainz seenartig verbreitert und langgezogene waldige Inseln in seiner Mitte umfließt. Um die Route fortzusetzen, fahre ich zur Kapelle zurück und nehme den Weg, der vom Festplatz nach **Kempten** hinunterführt. Ich halte mich Richtung Rhein und erreiche jenseits der Mainzer Straße den Leinpfad. Hier treffe ich diejenigen, die den Abstecher in die Höhe nicht gemacht haben.

Rheingauer Rhein

Ich verlasse **Bingen** am Ufer auf der Hafenstraße, fahre an der Autofähre nach Rüdesheim vorbei und erreiche den Leinpfad bereits am Ende des Hafens bei einer Schiffswerft. Der Weg macht einen Rechtsknick vom Ufer weg, führt nach **Gaulsheim**, geht eine Zeitlang parallel zur A 60, bis er bei einer Brücke wieder links zum Rhein abschwenkt. Ich erreiche **Ingelheim-Nord**, den Hafen von Ingelheim, einer Stadt,

die von den Boehringer-Werken dominiert wird. Im Museum und an einer Ausgrabungsstätte am Heidesheimer Tor wird man an die glorreiche Vergangenheit des Dorfes erinnert, in dem Karl der Große eine Kaiserpfalz erbaute. Hier traf sich Kaiser Barbarossa mit Hildegard von Bingen, die den Kaiser vor den Folgen der Kirchenspaltung mit prophetischen Worten warnte: „Wehe, wehe diesem bösen Tun der Frevler, die Mich verachten! Das höre, König, wenn du leben willst! Sonst wird Mein Schwert dich durchbohren!" Starke Worte aus dem Mund einer Frau an ein Staatsoberhaupt. Ich verlasse **Ingelheim-Nord** auf einem Weg neben einem Damm, der durch ein Naturschutzgebiet führt. Nach 6 km kommt der Campingplatz Heidenfahrt. Der Dammweg führt weiter zum nächsten Campingplatz an einem See. Von dort geht es nach **Budenheim**. Ab dem Bahnhof folgt die Route den Gleisen, bis der Radweg nach links und kurz danach wieder nach rechts abknickt. Weiter geht's unter der A 643 durch. Nun bin ich in **Mainz**. Ich fahre parallel zum Zubringer Rheinallee unter einer Bahnlinie hindurch Richtung Zentrum. Bei der Straße Am Zollhafen biege ich links zum Ufer ab, um nah am Rhein ins Herz der Stadt mit dem Zweirad im Wappen zu kommen.

Zweirad im Wappen, Wein im Mund, Sonne im Bauch

Rechtsrheinische Route von Lorch über Rüdesheim nach Mainz. Vor der Überfahrt von **Niederheimbach** nach **Lorch** trinke ich an einer Bude ein Gläschen Huxelrebe aus örtlichem Anbau. Der Wein ist mir zu blumig, aber probieren geht über studieren. Ich muss mich vorbereiten für die guten Rheingauer. Die Fähre bringt mich sicher nach **Lorch**. Die Stadt war zu den Zeiten, als das Binger Loch noch ein kaum überwindbares Schiffshindernis war, Stapel- und Lagerplatz. Die Waren wurden zwischen Rüdesheim und Lorch auf dem Landweg transportiert, den ich nun einschlage. Gleich hinter der Fährstelle steht ein Schild „Historischer Freistaat Flaschenhals 1919–1923", was nichts mit Weinbau zu tun hat. Nach dem Ersten Weltkrieg bildeten die Siegermächte Besatzungszonen in Deutschland. Zwischen Koblenz und Mainz blieb eine Zone unbesetzt, die die Form eines Flaschenhalses hatte. Ich überquere die B 42 und die Bahngleise und halte mich rechts. Die Straße geht nach den letzten Häusern von Lorch in einen Weinbergsweg über und etwa 3 km stetig bergan. Auf der Höhe lohnt sich der Blick zurück. Nach einer flotten Abfahrt an der Kante des Weinbergs mündet der Weg wieder auf der B 42, auf der ich **Asmannshausen** erreiche.

Ausflug

Absacker in der Krone. Gleich an der Rheinuferstraße liegt ein mit vielen spitzen Giebeln, Erkern und Balkons verwinkelter Fachwerkbau, dessen Haupthaus fünf Geschosse hoch ist. Schön oder nicht schön, das ist die Frage, die sich beantworten lässt, wenn man das Etablissement betritt. Es handelt sich um das legendäre Fünf-Sterne-Hotel Krone, das seit fast 200 Jahren Gasthaus ist und bei vielen Dichtern beliebt war. Der Freiheitsdichter Ferdinand Freiligrath dichtete:

„Zu Asmannshausen in der Kron',
Wo mancher Durstige schon gezecht,
Da macht' ich gegen eine Kron'
Dies Büchlein für den Druck zurecht."

In der Krone zu wohnen und die Mahlzeiten einzunehmen, ist nicht billig. Einzelzimmer mit Rheinblick (was anderes lohnt sich nicht) ab 130 €. Doch warum soll ich mir auf einer Radtour nicht mal was gönnen? Im eichenholzgetäfelten Restaurant speisen beleibte Direktoren und amerikanische Familien. Über meine knitterigen Jeans sieht man dezent hinweg. Ich esse Wachteln an Salat und habe große Schwierigkeiten, unter den über 100 Positionen der Weinkarte die meinigen zu bestimmen. Nochmal trinken würde ich auf jeden Fall den samtigen Spätburgunder Höllenberg der Krone und den eleganten Rauenthaler Nonnenberg Riesling von Breuer.

Von **Asmannshausen** nach **Rüdesheim** führen drei Wege:

Toplage Rüdesheimer Schlossberg

1. Über die Höllenbergstraße, deren Steigung dem Namen Ehre macht, bis **Aulhausen**, von hier weiter klettern bis zum Jagdschloss Niederwald, dort links zur Germaniastatue, wo die Anstrengung mit einem weiten Panoramablick über den Rheingau belohnt wird. Von dort geht es in satter Abfahrt nach Rüdesheim. Dies ist die weitblickende und anstrengende Strecke.

2. Die einfache Strecke verläuft parallel zur B 42 am Rhein entlang.

3. Die schöne Strecke ist nicht ganz einfach zu finden. Ich verlasse **Asmannshausen** auf der

Niederwaldstraße, biege nach der Talstation des Sessellifts rechts in den Bohrerweg. Nun heißt es auf den Weinbergswegen klettern, die teils asphaltiert, teils mit Schotter belegt sind, immer Richtung Osten. Es ergeben sich fantastische Perspektiven auf den Rhein und die Schiffe, die durch das Binger Loch navigieren. Ich komme an den fetten Mauern der Ruine ***Ehrenfels*** vorbei, die 1689 zerstört wurde und so zur idealen romantischen Kulisse geworden ist. Der Mäuseturm steht blinkend weiß im Strom, dahinter Bingen mit der glitzernden Nahemündung und den Bögen der alten Drususbrücke in der Ferne. Allmählich bin ich auf gleicher Höhe mit **Rüdesheim**. Ich biege rechts in die Landstraße und komme von der Höhe über die Grabenstraße in die Zecherstadt und lande auf der Rheinstraße am Rhein.

Früher Zollstation: Ruine Ehrenfels

Hier fahren Autobusse und PKW im Schritttempo, immer wieder gestoppt von den geschlossenen Schranken der Bahnlinie. Auf dem Trottoir bummeln Touristen aus allen Kontinenten an Souvenirshops, Schnellimbissen und Hotels vorbei. Richtig voll wird es in der ***Drosselgasse.*** Über das Kopfsteinplaster der 145,5 m langen und 3 m breiten Drosselgasse schieben an warmen Tagen Zehntausende von Menschen und amüsieren sich. Doch das ist nicht immer so. Es gibt auch viele Abende, da spielen die philippinischen Tanzkapellen vor leeren Stühlen, da wird der Sauerbraten sauer. „Der Boom nach der Einheit ist vorbei", sagt Hotelbesitzer Heinrich Breuer. Er hat sein Rüdesheimer Schloss in der Drosselgasse von Masse auf Qualität umgestellt und macht mit der Hälfte der Gäste mehr Gewinn als früher. Begonnen hatte der Massentourismus mit der Errichtung der Germania Statue 1883.

Nichts ist umsonst

Ausflug

Abstecher zur Germania und zur Abtei St. Hildegard. Zum Denkmal führt ein Sessellift. Ich fahre und schiebe mit dem Rad die Straße Zum Niederwald-Denkmal hoch. Nach einem Wald bin ich oben. Die Abzweigung nach links ist ausgeschildert. Der Schweiß des Anstiegs wird mit einem majestätischen ***Panorama-Weitblick*** belohnt. Hoch über allem thront eine 12 m hohe bronzene Dame. Die ***Germania*** soll

Ausflug

Triumphierende Frau

an die Reichsgründung 1871 erinnern. Auf dem Sockel stehen in ehernen Lettern die Verse der „Wacht am Rhein: Du Rhein bleibst deutsch wie meine Brust..." Der nationalistische Geist breitet sich ungebrochen wie anno dunnemals aus. „Jede Zeit hat ihre Symbole", sagt eine deutsche Frau, die aus Polen stammt und in Begleitung zweier polnischer Freundinnen ist. „Man sollte sie achten. Gerade damit so etwas nicht wieder passiert." Damit meint sie den Chauvinismus und die Folgen. Und warum wird eine Nation durch eine Frau dargestellt? Ein 14-jähriger Schüler weiß es: „Sie ist die Mutter der Nation."

Auf dem Weg zurück zum Rhein fahre ich nicht bis nach Rüdesheim runter, sondern nach einem Wäldchen links in die Weinberge. Ich komme auf den Rheinblick Weg und sehe die Türme der ***Abtei St. Hildegard*** vor mir, die mir den Weg weisen. Hildegard von Bingen lebte im 12. Jh. und hat in unserem Jh. eine erstaunliche Renaissance erfahren. In der Abtei wird ihr Geist gepflegt. Hildegard war Äbtissin, Heilerin, Musikerin und Seherin. Sie wird von vielen Menschen bis heute verehrt, wurde aber nie heilig gesprochen. Sie kommunizierte mit den Spitzen der Kirche und des Staates, wie bereits erwähnt, sogar mit dem Kaiser. Für eine Frau war dies zu ihrer Zeit höchst ungewöhnlich.

Im Geiste Hildegards

Im Kloster-Shop gibt es reichlich Literatur, den von den Nonnen gekelterten Wein, Dinkelprodukte und Andenken zu kaufen. Die Kirche kann besichtigt werden, nicht aber das Kloster.

In **Rüdesheim** am Rhein zurück, halte ich mich links, nehme den asphaltierten Weg am Ufer an den Anlegern für die Rheinschiffe, komme durch Schrebergärten, umfahre einen kleinen Bootshafen und kehre bei einem Campingplatz an das unbefestigte Ufer zurück.

Der Weg ist sandig und gut zu fahren. Nun geht es immer geradeaus. Ich passiere **Geisenheim** und **Oestrich-Winkel**. Hier steht ein hölzener ***Weinverladekran*** aus dem 18. Jh. am Ufer. Der nächste Ort ist **Hattenheim**.

Abstecher zum Kloster Eberbach

Ausflug

Eberbach: Gotik und Wein

Von **Hattenheim** führt nach der Überquerung der Bahnlinie eine Landstraße nach Norden. Hier heißt es erstmal kräftig gegen den Berg antreten. Nach etwa 5 km ist es geschafft. ***Kloster Eberbach*** liegt in einem abgeschiedenen Tal. Es ist eine der am besten erhaltenen Klosteranlagen Deutschlands. Hier wurde der Film „Der Name der Rose" gedreht. In Kloster Eberbach wird seit 800 Jahren Wein angebaut. Ein gutes Dutzend mächtiger ***Baumkelter***, der älteste von 1668, steht im Laienrefektorium. Besuch und Weinverkauf findet im Sommer täglich von 10–18 Uhr (Winter 16 Uhr) statt.
Zurück zum Rhein nehme ich die Route über **Kiedrich**. Bei der Ausfahrt auf die Landstraße fahre ich links. Herrlicher Ausblick über den Rheingau, „jener begünstigte Landstrich, welcher wohl zu den lieblichsten der bewohnten Erde gehört", wie Thomas Mann seinen Felix Krull sagen lässt. Hier liegen sie vor mir, die klangvollen Weinlagen Rauenthal, Gräfenberg, Lenchen, Johannisberg ... ich kehre ans Wasser in Eltville zurück.

Eltville erreiche ich von Hattenheim auf dem Uferweg. Die letzten Meter schiebe ich durch eine Platanenallee. Der Weg ist dem Radfahrer untersagt. Hier steht ein Büdchen mit Weinverkauf. Auf den Bänken am Ufer ist es schön zu sitzen. Eine Rundfahrt durch den Kern der kleinen Stadt führt durch enge Gassen mit gepflegten Häusern aus dem Barock. Wieder am Ufer, lockt mich der weiße Turm der ***Kurfürstlichen Burgruine***. Hinter dem Tor befindet sich ein prächtiger Rosengarten. Die Route führte nun auf dem Leinpfad nach **Walluf**. Hier geht es durch Kleingartenanlagen weiter, etwas vom Fluss weg und bei einem Wasserwerk auf einen Dammweg. Die Zufahrt zum Hafen von **Schierstein** wird auf einer Brücke überquert, weiter geradeaus, bis der Weg am Ende des Hafenbeckens eine Links- und bald wieder eine Rechtskurve macht, durch vogelreiche Wiesen führt und schließlich die A 643 unterquert. Nach einem Kilometer parallel zur Rheingauallee steht links das Schloss Biebrich mit imposanter Front zum Rhein. Von innen könnte ich das Schloss nur sehen, wenn ich von der Landesregierung zu einem Empfang geladen würde. Sonst ist der Prachtbau wie zu fürstlichen Zeiten dem Volk verschlossen.

Eltville: Rosen und Wein

Ausflug

Abstecher ins Zentrum von* Wiesbaden.** Durch den Park hinter Schloss Biebrich ist Richard Wagner beim Komponieren der Meistersänger gewandelt. Er liebte es nicht, abgelenkt zu werden. Einem Verehrer rief er zu: „Stören Sie mich jetzt nicht. Ich bin in Brunst." Im Park befindet sich die 1806 errichtete künstliche gotische Ruine ***Moosburg, ein interessantes Beispiel für den nostalgisch romantischen Zeitgeist. Am Ende des Parks führt die Straße Am Schlosspark in die Biebricher Allee, die beim Hauptbahnhof endet. Nun immer der Nase nach geht's ins Zentrum. Bei der Tourist Information erhält man alle Informationen über Museen, Theater, die ***Nerobergbahn***, und wer hier baden gegangen ist, sei es im ***Kurhaus*** oder im ***Spielkasino***. Ein Schnellbesucher wie ich, der noch nach Mainz möchte, fährt zum ***Kochbrunnen*** am Ende der Fußgängerzone am Kranzplatz. Hier spritzt in einem armdicken Strahl kochend heißes Heilwasser aus der Erde, das der Sage nach von einer Drachin stammt, der ein Riese den Speer ins Herz rammte. Dies erfuhr ich von Eva Schuster im ***Frauenmuseum*** in der Wörthstraße, das sich der Kultur und der Philosophie des Weiblichen widmet. Am Schlossplatz begegne ich einem neuen Radroutenschild, ein Radler mit Laufrädern aus Europasternen. Es gehört zur Veloroute Rhein, die auf beiden Ufern zwischen Wiesbaden und Basel ausgeschildert ist.

Vorsicht 66°C!

Eva Schuster

Der Weg nach **Mainz** führt am Schloss Biebrich weiter auf der Rheingaustraße durch ein Industriegebiet, der Biebricher Straße, unterquert eine alte Eisenbahnbrücke und mündet in der Wiesbadener Straße, der ich nach rechts folge. Im Fluss liegt die Insel Petersaue. Ich erreiche die Theodor-Heuss-Brücke, die mich über den Rhein nach Mainz bringt. Nach links geht es in die Altstadt. **Mainz** ist der Scheitelpunkt des Rheins zwischen Bodensee und Nordsee. In Mainz beginnt mit der großen Kurve nach Westen der Mittelrhein und endet der Oberrhein. Das Mainzer Gebiet ist seit der Steinzeit besiedelt. Mainz hatte zu Römerzeiten, im Mittelalter, und unter Napoleon großes politisches Gewicht. Hier wurde die bedeutendste Erfindung der Neuzeit gemacht, die Buchdruckerkunst. Trotz vieler Zerstörungen, zuletzt 1945, ist Mainz voller großer Kunst- und Bauwerke. Bei so viel Kultur versuche ich, mich aufs Wesentliche zu konzentrieren und esse einen Handkäs mit Musik, dazu keinen Wein, wegen des Essigs, sondern ein Mainzer Aktien Bier. Dabei werde ich mit dem ortstypischen Humor konfrontiert, als der Kellner beim Servieren spricht: „MAB, du seist gepriese, ob zum Trinke oder Pflanze Gieße." Als ich aus der Kneipe komme, sehe ich zuerst den ***Dom***. Vom Leichhof sind der Westchor und der laternenförmige Turm gut zu sehen, der wie ein gigantisches Weihrauchfässchen aussieht. Geraucht hatte es an dieser Stelle 1000 Jahre vorher, denn der gerade erbaute Dom brannte bei der Weihe 1009 ab. Der Neubau brannte 1081 wieder. 1239 wurde dann der Bau des Kaiserdoms fertiggestellt. Erst 1767 brannte er wieder durch Blitzschlag. Die Reparaturen leitete der Sohn Balthasar Neumanns. Ihm ist die Laternenspitze zu verdanken. Im Innern gewöhnen sich die Augen langsam an das Dämmerlicht. Die großen Flächen der Mauern geben das Gefühl, in einer Festung geborgen zu sein. Die Stimmung ist ernst. Das achteckige Gewölbe über der Vierung und die hohen, runden Bögen des Langhauses mildern die Strenge. Am südlichen Seitenschiff kommt man in den ***Kreuzgang***. Hier befindet sich die Grabplatte des Minnesängers Heinrich von Meißen, genannt „Frauenlob", der von den Mainzer Frauen zu Grabe getragen wurde, die seine letzte Ruhestätte mit viel Wein benetzten. Bevor ich ins Weinhaus einkehre, sehe ich mir das ***Gutenbergmuseum*** an. Die Werkstatt Gutenbergs ist so rekonstruiert, dass ich mich gut in seine Zeit versetzen kann. Die Ausstellung zeigt die Entwicklung der Schrift von den ersten Papyri bis zum Rotationsdruck. Auch die ersten Bibeln sind zu sehen. Warum hat es nur so lange gedauert, bis jemand auf die einfache Idee der bewegten Lettern kam? Ich gehe ins Weinhaus zum Spiegel in der Altstadt und denke nach. „Saat der Drachenzähne", sagte der Medienforscher Marshall McLuhan, wurden die Buchstaben in der griechischen Mythologie genannt. Wieder ein Drache. Kam er vom Rhein?

Mainzer Dom

… weiter geht's im Band 2

Infoteil

Anreise zur Rheinmündung in Hoek van Holland; vom Hauptbahnhof in Rotterdam, Central Station genannt, geht im Halbstundentakt ein Vorortzug nach Hoek van Holland. Die Fahrt dauert 29 Minuten. Am Bahnhof Hoek van Holland links in den Strandweg abbiegen. Er führt durch die Dünen zu den Parkplätzen des Strandes. Hier führen mehrere Wege auf den Rad- und Fußweg am Nordufer des Nieuwe Waterweg, der am Seezeichen an der Spitze der Mole endet.

1. Tour: Von Hoek van Holland nach Rotterdam

Vorwahl Niederlande: 0031

Hoek van Holland, Stichting Promotie Hoek van Holland, Strandweg 32, 3151 HV Hoek van Holland, Tel. 0174-31 00 80, Fax 0174-31 00 83, www.hoekvanholland.nl

Sturmflutwehr, Het Keringhuis, Nieuw Oranjekanal 139, 3151 XL Hoek van Holland, Tel. 0174-51 12 22, Mo-Fr 10-16h, Sa/So 11-17h, www.keringhuis.nl

Schiedam, VVV Nieuwe Waterweg/Westland, Büro Schiedam, Buitenhavenweg 9, 3113 BC Schiedam, Tel. 010-473 30 00, Fax 010-473 66 95, www.vvvschiedam.nl

Stedelijk Museum, Hoogstraat 112, 3113 BC Schiedam, Tel. 010-246 36 66, Di-Sa 11-17h, So 12.30-17h

Rotterdam, VVV Rotterdam, Coolsingel 67, 3012 AC Rotterdam, Tel. 010-414 00, Fax 010-413 31 24 00, www.vvv.rotterdam.nl

Pelgrimvaderskerk, Aelbrechtskolk 20, Delfshaven, Sa 14-17h, Informationsstelle Historisch Delfshaven, Voorhaven 38 c, www.delfshaven.com

Euromast, Parkhaven 20, 3016 GM Rotterdam, Tel. 010-436 48 11, Fax 010-436 22 80, Apr.-Sept.: tägl. 10-19h, Okt.-März: tägl. 10-17h, Juli/Aug.: Di-Sa bis 22.30h, www.euromast.com

Museum Boijmans-Van-Benningen, Museumpark 18-20, 3015 CX Rotterdam, Tel. 010-441 94 00, Fax 010-436 05 00, Di-Sa 11-17 h, So 11-17 h, www.boijmans.nl

Hotel New York, Koninginnenhofd 1, 3072 AD Rotterdam, Tel. 010-439 05 00, Fax 010-484 27 01, www.hotelnewyork.nl

Kijk Kubus (Guck-Kubus), Overblaak 70, 3011 MH Rotterdam, Tel. 010-414 22 85, Fax 010-414 47 97, tägl. 11-17h

Stadhuis, Coolsingel 40, Rotterdam, weitere Infos über Besichtigung beim VVV Rotterdam

Stichting Walk of Fame Star, Libellendans 19, 2907 RN Capelle a/d Ijssel, Tel. 010-458 16 94, www.walkoffame.nl

Kunsthal, Museumpark, Westzeedijk 341, 3015 AA Rotterdam, Tel. 010-440 03 00, Di-So 10-17h, So 11-17h, www.communicatie@kunsthal.nl

Konzerthalle De Doelen, Kruisplein, Rotterdam, Tel. 010-217 17 17, www.dedoelen.nl

Filmfest Rotterdam, Karel Doormanstraat 278 b, Rotterdam, Tel. 010-890 90 90, Fax 010-890 90 91

De Pelgrim, Stadsbrouwerij, Aelbrechtskolk 12, Tel. 010-477 11 89

Bot. Garten Arboretum Trompenburg, Honingerdijk 86, 3062 NX Rotterdam, Tel. 010-233 01 66, Fax 010-233 01 71, 04. 04.-31.10.: Mo-Fr 9-17h, Sa/So 10-16h 01.11.-20.12.: Mo-Fr 7-17h, Sa 10-16h

Het Schielandshuis, Historisches Museum, 3011 GK Rotterdam, Tel. 010-217 67 67, Di-Fr 10-17h, Sa/So 11-17h, www.hmr.rotterdam.nl

Grote Kerk, Grotekerksplein 27, 3011 GC Rotterdam, Tel. 010-413 14 94, Apr.-Okt.: Di-Sa 10-16h, So 12-16h

Weitere Informationen finden Sie auf der Seite: www.culturinrotterdam.nl

2. Tour: Von Rotterdam nach Woudrichem

Kinderdijk-Dordrecht, VVV Zuid-Holland Zuid, Büro Dordrecht, Stationsweg 1, 3311 JW Dordrecht, Tel. 078-632 24 40, www.vvvzhz.nl, www.dordrecht.nl

Mühlengebiet, Molenkade, Tel. 078-691 51 79, Besichtigung einer Mühle: Apr.-Sept.: Mo-Sa 9.30 -17.30h

Museum De Sleutel, Varkenmarkt 128 a, Tel. 078-614 37 32, Fr-So 14-17h

Grote Kerk, Lange Geldersekade 2, 3311 JW Dordrecht, Tel. 078-614 46 60 Apr.-Okt.: Di-Sa 10.30-16.30h, Nov.-Dez.: 1./3. Sa des Monats 14-16h

Biesbosch, s. Toeristen Informatiebureau Woudrichem

Biesbosch Museum, Baanhoekweg 53, Tel. 0183-21 13 11, Di-So 9-17h, Mo 13-17h

Bootsfahrten im Naturschutzgebiet, Tel. 078-621 13 11

Gorinchem, VVV Gorinchem, Zusterhuis 6, Tel. 0183-315 25

Woudrichem, Toeristen Informatiebureau, Kerkstraat 37, 4285 BA Woudrichem, Tel. 0183-30 12 02, Fax 0183-30 76 88, www.woudrichem.nl

Schloss Loevestein, Loevestein 1, 5307 TG Poederojen, Tel. 0183-44 71 71, Fax 0183-44 71 90, Mai-Sept.: Di-Fr 10-17h, Sa/So/Mo 13-17h, Okt.-Apr.: Sa/So 13-17h, www.slotloevestein.nl

3. Tour: Von Schloss Loevestein nach Nijmegen

Zaltbommel, VVV Rivierenland, Markt 15, 5301 AL Zaltbommel, Tel. 0418-51 81 77, www.zaltbommel.nl

Historisches Museum, Nonnenstraat 5, Di-Fr 10-16.30h

Nijmegen, VVV Rijk van Nijmegen, Keizer Karelplein, 6511 NC Nijmegen, Tel 0900-112 23 44

St. Stevenskerk, Stevenskerkhof 62, Tel. 024-360 47 10, Di-So 13-16h

Valkhof Museum, Kelfkensbos 59, 6501 BL Nijmegen, Tel. 024-360 88 05, Di-Fr 10-17h, Sa/So 12-17h, www.museumhetvalkhof.nl

Fahrradmuseum Velorama, Waalkade 107, 6501 BL Nijmegen, Tel. 024-322 58 51, Mo-Sa 10-17h, So 11-17h, www.velorama.nl

Joris Ivens Denkmal, Joris Ivensplein, Nijmegen

Naturkundemuseum Nijmegen, Gerard Noodtstraat 121, 6501 BL Nijmegen, Tel. 024-329 70 70, Mo-Fr 10-17h, So 13-17h

Museum Brauerei De Hemel, Franse Plaats 1, NC Nijmegen, Tel. 024-360 61 67, Di-So 12-20h

Groesbeek, Tourist Service Groesbeek VVV-agentschap, Dropsplein 1a, Postbus 9, 6560 AA Groesbeek, Tel. 024-397 71 18

Befreiungsmuseum, Wylerbaan 4, Groesbeek, Tel. 024-397 44 04, Mo-Sa 10-17h, So 12-17h

4. Tour: Von Nijmegen nach Xanten

Vorwahl Deutschland: 0049

Kleve, Amt für Wirtschaftsförderung und Fremdenverkehr, Rathaus Kleve, Kavarinerstr. 20-22, 47533 Kleve, Tel. 02821-842 67, Fax 02821-845 11, www.kleve.de

Museum Kurhaus Kleve, Tiergartenstr. 41, 47533 Kleve, Tel. 02821-75 01 10, 01.04.-31.10.: Di-So 10-18h, 01.11.-31.03.: Di-Sa 11-17h, So 10-17h

Schwanenburg, Schlossberg, 47533 Kleve, Tel. 02821-228 84, 01.04.-31.10.: tägl. 10-17h, 01.11.-31.03.: Sa/So 11-17h u. nach Vereinbarung

Bedburg-Hau, Gemeindeverwaltung Bedburg-Hau, Kalkarerstraße 19, 47551 Bedburg-Hau, Tel. 02821-660 53, Fax 02821-660 52, info@bedburg-hau.de

Schloss Moyland, Am Schloss 4, 47551 Bedburg-Hau, Tel. 02824-95 10 99, Di-Fr 10-18h, Sa/So 10-19h, www.moyland.de

Rheinische Kliniken, ArToll, Haus 6, Zur Mulde 10, 47551 Kleve, Tel. 02821-81 15 00

Tiergarten, Tiergartenstr. 74, 47533 Kleve, Tel. 02821-267 85, 15.03.-15.10.: tägl. 9-18h, 16.10.-14.03.: tägl. 10-17h

Kalkar, Touristikagentur Niederrhein, Mühlenstege 11, 47546 Kalkar, Tel. 02824-92 35 92, www.kalkar.de

St. Nicolaikirche, Jan-Joest-Straße 6, 47546 Kalkar, Tel. 02824-23 80, Fax 02824-43 66, 01.11.-31.03.: So-Fr 14-17h, Sa 14-16h, 01.04.-31.10.: Mo-Sa 10-12h, 14-18h, Sa nur bis 16h, So 14-18h, www.StNicolaikirche.de

Heimatmuseum Grieth, Griether Markt 26, 47546 Kalkar-Grieth, Tel. 02824-71 26, So 14-17h u. nach Vereinbarung, www.heimatmuseum-grieth.de

Kalkarer Mühle (Lohwindmühle), Mühlenstege 8, 47546 Kalkar, Tel. 02824-47 09, Fax 02824-931 43, 01.11.-31.03.: Sa/So 12-17.30h, 01.04.-31.10.: Di-Fr 15-17.30h, Sa/So 12-17.30h, www.kalkarer-muehle.de

Freizeitpark Kernwasser Wunderland, Grietherstr. 110-120, 47546 Kalkar-Hönnepel, Tel. 02824-91 00, Fax 02824-91 02 99, 27.03.-27.10.: tägl. 10-18 h, www.kernwasser-wunderland.de

Xanten, Tourist-Information, Kurfürstenstr. 9, 46509 Xanten, Tel. 02801-983 00, Fax 02801-716 64, www.xanten.de

Archäologischer Park, Wardter Straße 2, 46509 Xanten, Tel. 02801-29 99, 01.12.-28.02.: tägl. 10-16h, 01.03.-30.11.: 9-18h

St. Victor Dom, Kapitel 21, 46509 Xanten, Tel. 02801-7131 34, tägl. 10-17h

Kriemhildsmühle, Nordwall 5, 46509 Xanten, Tel. 02801-6556, Fax 02801-901 87, Di-Fr 8.30-18.30h, Mo ab 14h, Sa bis 18h, So 11-17h

5. Tour: Von Xanten nach Duisburg

Fährhaus Xanten, Zur Rheinfähre, Eyländerweg 1, 46509 Xanten, Tel. 02801-13 34, Fax 02801-908 54

Wesel, Stadtwerbung und Touristik, Klever-Tor-Platz 1, 46483 Wesel, Tel. 0281-20 33 92, Fax 0281-20 34 29, www.wesel.de

Wasserturm (Techn. Museum), Altes Wasserwerk an der Lippe, Fusternberger Str. 90, 46485 Wesel, Besuch nach Vereinbarung

Preußenmuseum, An der Zitadelle 14-20, 46483 Wesel, Tel. 0281-3399 60, Fax 0281-33 99 63 30, Di-Sa 10-17h, So 10-18h, Do 10-20h, www.preussenmuseum.de

Städt. Museum Galerie, Am Kornmarkt, 46483 Wesel, Tel. 0281-2035 45, Di-Fr 10-18.30h, Sa 10-13h, So 10-17h

Moers, Stadtinformation, Meerstr. 2, 47441 Moers, Tel. 02841-20 17 77, www.moers.de

Jazzfestival an Pfingsten (Freizeitpark, Innenstadt Moers), Info: Touristeninfo und Kulturamt Tel. 02841-20 17 77

Comedy Arts Festival, Kastellplatz 1, Info: Touristeninfo und Kulturamt, Tel. 02841-20 17 77

Moerser Schloss, Kastell 9, 47441 Moers, Tel. 02841-280 94, Di-Fr 9-18h, Sa/So 11-18h

Niederrheinisches Motorradmuseum, Friemersheimer Str. 106, 47441 Moers, Tel. 02841-50 85 22 Moers, Sa 14-16h, So 11-16h

Duisburg, Duisburg Agentur, Königstr. 53, 47049 Duisburg, Tel. 0203-28 54 40, www.duisburg.de

Museum der Deutschen Binnenschifffahrt, Apostelnstr. 84, 47119 Duisburg, Tel. 0203-80 88 90, Fax 0203-808 89 22, Di-So 10-17h

Kultur- und Stadthistorisches Museum, Johannes-Corputius-Platz 1, 47051 Duisburg, Tel. 0203-283 26 56, Di, Do-Sa 10-17h, Mi 10-16h, So 11-17h

Museum Küppersmühle, Philosophenweg 55, 47051 Duisburg, Tel. 0203-30 19 48 11, Fax 0203-301 94 21, Mi 14-18h, Do 11-18h, Sa/So 11-18h, www.museum-kueppersmuehle.de

Wilhelm-Lehmbruck-Museum, Friedrich-Wilhelm-Str. 40, 47049 Duisburg, Tel. 0203-283 26 30, Fax 0203-283 38 92, Di-Sa 11-17h, So 10-18h, www.lehmbruckmuseum.de

Salvatorkirche, Burgplatz, 47051 Duisburg, Tel. 0203-28 74 31, www.salvatorkirche.de

6. Tour: Von Duisburg nach Düsseldorf

Krefeld, Stadtmarketing, Von-der-Leyen-Platz 1, 47798 Krefeld, Tel. 02151-86 15 01, Fax 02151-86 15 10, www.krefeld.de

Kaiser-Wilhelm-Museum, Karlsplatz 35, 47798 Krefeld, Tel. 02151-77 00 44, Fax 02151-77 03 68, Di-So 11-17h

Museum Burg Linn, Rheinbabenstr. 85, 47809 Krefeld, Tel. 02151-57 00 36, Fax 02151-57 19 72, 01.04.-31.10.: Di-So 10-18h, 01.11.-31.03.: Di-So 11-17h

Textilmuseum, Andreasmarkt 8, 47809 Krefeld, Tel. 02151-57 20 46, Apr.-Okt.: Di-So 10-18h, Nov.-März: Di-So 11-17h

Neuss, Touristik Information Neuss, Rathausarkaden, Büchel 6, 41460 Neuss, Tel. 02131-403 77 95,Fax 02131-403 77 97, www.neuss.de

Stiftskirche St. Quirinus, Freithof 7, 41460 Neuss, Tel. 02131-22 23 27, tägl. 7.30-12.30h, 14.30-19h

Clemens-Sels-Museum, Am Obertor, 41460 Neuss, Tel. 02131-90 41 41, Fax 02131-90 24 72, Di/Mi, Fr-So 11-17h, Do 11-20h

Museum Insel Hombroich, Kapellener Straße, 41472 Neuss-Holzheim, Tel. 02182-20 94, Apr.-Sept.: 10-19h, Febr./März: 10-17h, Okt.: 10-18h, Nov.: 10-17h, Dez./Jan.: geschl., www.inselhombroich.de

Shakespeare Festival (findet im Juli statt), Info Kulturamt Neuss, Oberstr. 17, 41460 Neuss, Tel. 02131-90 41 11

Schützenfest, Info beim Bürgerschützenverein, Tel. 02131-27 70 70

Düsseldorf, Marketing & Tourismus GmbH, Postfach 102163, 40012 Düsseldorf, Tel. 0211-17 20 20, Fax 0211-16 10 71, www.duesseldorf.de

Goethe-Museum, Jacobistr. 2, 40211 Düsseldorf, Tel. 0211-899 62 62, Di-Fr 11-17h, Sa 13-17h, So 11-17h

Jap.-Buddhistisches Zentrum, Brüggenerweg 1, 40547 Düsseldorf, Tel. 0211- 577 91 80

Heinrich-Heine-Institut, Bilkerstr. 12-14, 40213 Düsseldorf, Tel. 0211-89 95 71, Di-Fr 11-17h, Sa 13-17h, So 11-17h

Kunstsammlung NRW, Grabbeplatz 5, 40213 Düsseldorf, Tel. 0211-838 10, Di-Fr 10-18h, Sa/So 11-18h, jeden 1. Mi 10-22h, www.kunstsammlung.de

Hetjens Museum, Deutsches Keramikmuseum, Schulstr. 4, 40042 Düsseldorf, Tel. 0211-899 42 10, Di, Do, Sa/So 11-17h, Mi 11-21h, Fr 11-24h

D.- Kaiserswerth

Suitbertus-Kirche, Suitbertusstiftsplatz 3, Tel. 0211-40 11 91

Kaiserpfalz, Burgruine, frei zugänglich

Schloss Benrath, Benrather Schlossallee 104, 40593 Düsseldorf, Tel. 0211-899 72 71, Di-So 10-18h

Zons, Heimat- und Verkehrsverein, Schlossstr. 2-4, 41541 Dormagen, Tel. 02133-53 78 51, Fax 02133-974 97 71, www.zons.de

Burg Friedestrom, Kreismuseum Zons, Schlossstr. 1, 41541 Dormagen, Tel. 02133-53 02 20, Di-Fr 14-18h, Sa/So 11-17h

7. Tour: Von Düsseldorf nach Köln

Köln, Tourismus Office, Unter Fettenhennen 17, 50667 Köln, Tel. 0221-194 33, www.koeln.de

Dom, Domkloster 4, 50667 Köln, Tel. 0221-92 58 47 20 (Domforum), tägl. 6-19.30h

Historisches Rathaus, Rathausplatz, 50667 Köln, Tel. 0221-22 12 45 02, Mo-Fr 7.30-16.15h, Mi 15h kostenlose Führung

Museum Ludwig, Bischofsgartenstr.1, 50667 Köln, Tel. 0221-221 23 70, Fax 0221-221 41 14, Di 10-20h, Mi-Fr 10-18h, Sa/So 11-18h, www.museenkoeln.de/ludwig

Wallraf-Richartz-Museum, Martinsstr. 39, 50667 Köln, Tel. 0221-22 12 11 19, www.museenkoeln.de/wrm

Römisch-Germanisches Museum, Roncalliplatz 4, 50667 Köln, Tel. 0221-221 44 38 Do 10-20h, Di/Mi, Fr 10-17h, Sa/So 11-17h, www.museenkoeln.de/rgm

Schokoladenmuseum, Imhoff-Stollwerck-Museum, Rheinauhafen 1a, 50678 Köln, Tel. 0221-931 88 80, Fax 0221-93 18 88 14, Di-Fr 10-18h, Sa/So 11-19h, www.schokoladenmuseum.de

Museum für Angewandte Kunst, An der Rechtsschule, 50667 Köln, Tel. 0221-221 67 14, Di-So 11-17h, Mi 11-20h

St. Ursula, Ursulaplatz, 50668 Köln, Tel. 0221-13 34 00, Mai-Okt.: Mo/Mi-Sa 9-12h, 15-17h, Nov.-Apr.: Mo/Mi-Sa 9-12h, 13-17h

8. Tour: Von Köln nach Bonn

Gut Leidenhausen in Porz, Waldmuseum, Tel. 02203-39 98

Dt. Zentrum für Luft- und Raumfahrt, Linder Höhe, 51147 Köln-Porz, Tel. 02203-60 10, Besuch nur nach Vereinbarung

Brühl, Brühl-Info, Uhlstr.1, 50321Brühl, Tel. 02232-793 45, www.bruehl.de

Schloss Augustusburg, 50321 Brühl, Tel. 02232-440 00, 01.02.-30.11.: Di-Fr 9-12.30h, 13.30-17h, Sa/So 10-18h

Langel, s. Tourismus Office, Unter Fettenhennen 17, 50667 Köln, Tel. 0221-194 33, www.koeln.de

Wesseling, Stadt Wesseling, Presse- und Öffentlichkeitsarbeit, Rathausplatz 1, 50389 Wesseling, Tel. 02236-7010, www.wesseling.de

Basilika Schmerzhafte Mutter, Hauptstr. 79, 50389 Wesseling-Berzdorf, Tel. 02232-517 63

Bonn, Tourist Information, Münsterstr. 20, 53111 Bonn, Tel. 0228-194 33, www.bonn.de

Rheinische Friedrich-Wilhelms-Universität, Am Hof, 53111 Bonn, Tel. 0228-731

Münsterbasilika, Münsterplatz, 53111 Bonn, Tel. 0228- 985 80, Mo-So 7-19h

Altes Rathaus, Markt Bonn, 53111 Bonn, Tel. 0228-77 34 34

Kunstmuseum, Friedrich-Ebert-Allee 2, 53113 Bonn, Tel. 0228-77 62 60, Di-So 10-18h, Mi 10-21h

Bundeskunsthalle, Friedrich-Ebert-Allee 4, 53113 Bonn, Tel. 0228-917 12 00, Di/Mi 10-21h, Do-So 10-19h, www.bundeskunsthalle.de

Zoologisches Museum Alexander Koenig, Adenauerallee 160, 53111 Bonn, Tel. 0228-912 20, Di-Fr 9-17h, Sa 9-12.30h, So 9.30-17h

9. Tour: Von Bonn nach Andernach

Königswinter, Tourismus Siebengebirge, Drachenfelsstr. 4, 53639 Königswinter, Tel. 02223-91 77 11, Fax 02223-91 77 20, www.koenigswinter.de

Schloss Drachenburg, Tel. 02223-261 55, Apr.-Okt.: Di-So 11-17h

Siebengebirgsmuseum, Kellerstr. 16, 53639 Königswinter, Tel. 02233-37 03, Fax 02233-90 92 72, tägl. 14-17h (außer Montag), Mi 14-19h, So 11-17h

Nonnenwerth, Kloster St. Clemens, Tel. 02228-600 90, Fax. 02228-600 92 30 Besuch nach tel. Anmeldung möglich

Bad Honnef, Rhein-Sieg-Kreis, Kaiser-Wilhelm-Platz 1, 53721 Siegburg, Tel. 02241-93 31 27, Fax 02241-13 24 44, www.rhein-sieg-kreis.de

Remagen, Tourist-Information, Kirchstr. 6, 53424 Remagen, Tel. 02642-201 87, Fax 02642-201 27, www.remagen.de

Friedensmuseum „Brücke von Remagen", Rheinpromenade, An der Alten Rheinbrücke, 53424 Remagen, März-Nov.: tägl. 10-17h, ab Mai bis 18h

Römisches Museum, Kirchstr. 9, 53424 Remagen, März-Okt.: Mi-So 15-17h

Rhein in Flammen, www.weinfeste-online.de; www.feuerwerk-info.de

Byteburg Rheineck, 53498 Bad Breisig, www.byteburg.de

Andernach, Gesellschaft für Marketing, Wirtschaft und Tourismus, Läufstr. 4, 56626 Andernach, Tel. 02632-29 84 20, Fax 02632-298 40, www.andernach.de

Mariendom, Aggrippastr. 13, 56626 Andernach, Tel. 02632-476 99, tägl. 9-18h

10. Tour: Von Andernach nach St. Goar

Neuwied, Amt für Stadtmarketing, Engerser Landstr. 17, 56564 Neuwied, Tel. 02631-80 22 60, Fax 02631-80 28 01, www.neuwied.de

Kreismuseum, Raiffeisenplatz 1a, 56564 Neuwied, Tel. 02631-80 33 79, Di-Fr 10-13h, 14-17h, So 14-16.30h

Schloss Engers, Schlossstr. 2, 56566 Neuwied, Tel. 02622-926 41 17, Fax 02622-926 42 64, geöffnet nach Vereinbarung

Koblenz, Koblenz Touristik, Bahnhofplatz 7, 56068 Koblenz, Tel. 0261-30 38 80, Fax 0261-303 88 11, www.koblenz.de

Ordenshaus des Deutschen Ritterordens, Ludwigmuseum, Danziger Freiheit 1, 56020 Koblenz, Tel. 0261-30 40 40, Di-Sa 10.30-17h, So 11-18h

Kastorkirche, Kastor-Pfaffenstr. 14, 56068 Koblenz, Tel. 0261-315 50

Mittelrheinmuseum, Florinsmarkt 15, 56020 Koblenz, Tel. 0261-129 25 20, Di-So 10-16.30h, Mi 10-21h

Festung Ehrenbreitstein, Tel. 0261-970 30, Apr.-Mitte Nov.: tägl. 9-12.30h und 13-17h

Rheinmuseum, Charlottenstr. 53a, 56077 Koblenz, Tel. 0261-70 34 50, tägl. 10-17h

Ludwig Museum, Danziger Freiheit 1, 56020 Koblenz, Tel. 0261-30 40 40, Di-Sa 11-17h, Do 11-19h, So 11-18h

Haus Metternich, Münzplatz, 56068 Koblenz, Tel. 0261-129 25 32, Di-Sa 11-17h, So 11-18h, Mi 11-20h

Burg Stolzenfels, 56068 Koblenz, Tel. 0261-516 56, Sommer: tägl. 9-17h, Winter: 10-12h, 14-16h, 1. Werktag der Woche u. im Dez. geschlossen

Lahnstein, Tourist-Information, Stadthallenpassage, 56112 Lahnstein, Tel. 02621-91 41 71, Fax 02621-91 43 40, www.lahnstein.de

Burg Lahneck, 56112 Lahnstein, Tel. 02621-27 89, Apr.-Nov.: tägl. 10-17h

Braubach, Tourist-Information, Rathausstr. 8, 56338 Braubach, Tel. 02627-97 60 01, Fax 02627-97 60 05, www.braubach.de

Marksburg, 56338 Braubach, Tel. 02627-536 oder -206 (Besucherservice), Fax 02627-88 66, Ostern bis 01.11.: tägl. 10-17h, Nov. bis Ostern: tägl. 11-16h, www.marksburg.de

Rhens, Verkehrsamt Rhens, Am Viehtor 2, 56321 Rhens, Tel. 02628-96 05 42, Fax 02628-96 05 24, www.rhens.de

Boppard, Tourist-Information, Marktplatz, Altes Rathaus, 56154 Boppard, Tel. 06742-38 88, Fax 06742-814 02, www.boppard.de

St. Severuskirche, Rheinallee 44, 56154 Boppard, Tel. 06742-23 15, tägl. 8-19h

Karmeliterkirche, Karmeliterstraße, Info unter 06742-23 15

Stadtmuseum Boppard, Karmeliterstr. 2, 56154 Boppard, Tel. 06742-103 69, Di-So 10-12h, 14-17h

Burg Liebenstein, Tel. 06773-308, Besichtigung Ostern bis Nov.

Burg Sterrenberg, Tel. 06773-323, Besichtigung März bis Mitte Okt.

St. Goar, Städt. Verkehrsamt, Heerstr. 86, 56329 St. Goar, Tel. 06741-383

Burg Rheinfels, Tel. 06741-383, Ostern bis 31. Okt.: tägl. 9-18h, übrige Zeit: Sa/So 10-16h

St. Goarshausen, Tourist-Information, Bahnhofstr. 8, 56343 St. Goarshausen, Tel. 06771-910 11

Burg Katz, Tel. 06771-48 70, in Privatbesitz, keine Besichtigungsmöglichkeit

Burg Maus, Tel. 06771-76 69, Besichtigung auf Anfrage im Verkehrsamt (Tel. 06771-910 11)

Wein- und Heimatmuseum, im historischen Stadtturm, Tel. 06771-17 27, Di-So ab 13h

Loreley, Loreley-Touristenservice, Loreleyring 2, 56348 Bornich, Tel. 06771-82 76, Fax 06771-82 77

11. Tour: Von St. Goar nach Mainz

Oberwesel, Verkehrsamt, Rathausstr. 3, 55430 Oberwesel, Tel. 06744-71 06 24, www.oberwesel.de

Burg Pfalzgrafenstein, Tel. 06774-570, Apr.-Okt.: 9-13h, 14-18h, Nov.-März: 9-13h, 14-17h, 1. Werktag der Woche u. im Dez. geschlossen

Liebfrauenkirche (Rote Kirche), Martinsberg 1, 55430 Oberwesel, Tel. 06744-940 77

Bacharach, Rhein-Nahe-Touristik, Oberstr. 45, 55422 Bacharach, Tel. 06743-91 93 03, www.bacharach.de

Burg Stahleck, 55422 Bacharach, Tel. 06743-12 66, Besichtigung nur im Burghof möglich

Wernerkapelle, Info bei Rhein-Nahe-Touristik, Tel. 06743-91 93 03

Niederheimbach, Verkehrsverein Niederheimbach, Rheinstr. 88, 55413 Niederheimbach, Tel. 06743-62 66, Fax 06743-62 66, www.niederheimbach.de

Burg Sooneck, Tel. 06743-60 64, Apr.-Sept.: 9-17.15h, Okt.-März: 9-16.15h, außer Mo

Burg Rheinstein, Tel. 06721-63 77, März-Nov.: 9-19h

Bingen am Rhein, Tourist-Information, Rheinkai 21, 55411 Bingen, Tel. 06721-184 05, Fax 06721-162 75, www.bingen.de

Historisches Museum am Strom, Museumstr. 3, 55411 Bingen, Tel. 06721-99 06 54, Fax 06721-99 06 53, tägl. außer Mo 10-17h

Burg Klopp mit Heimatmuseum, 55411 Bingen, Tel. 06721-18 41 10, Apr.-Okt.: Di-So 9-12h, 14-17h

Rochuskapelle, Rochusberg, 55411 Bingen

Rüdesheim, Tourist-Information, Rheinstr. 16, 65385 Rüdesheim, Tel. 06722-194 33, Fax 06722-34 85, www.ruedesheim.de

Rheingauer Weinmuseum, Brömserburg, Rheinstr. 2, 65385 Rüdesheim, Tel. 06722-23 48, Mitte März-Mitte Nov.: tägl. 9-18h

Mittelalterliches Foltermuseum, Grabenstr. 13, 65385 Rüdesheim, Tel. 06722-475 10, Apr.-Nov.: tägl. 10-18h

Abtei St. Hildegard, Klosterweg 1, 65385 Rüdesheim, Tel. 06722-49 90, der Klosterladen ist Mo-Sa 9-11.45h und 14-17h geöffnet

Eltville, Verkehrsamt, Schmittstr. 2, 65343 Eltville, Tel. 06123-909 80, Fax 06123-90 98 90, www.eltville.de

Kloster Eberbach, 65346 Eltville, Tel. 06723-917 80, Fax 06723-91 78 20, Ostern-31.Okt.: tägl. 10-18h, 01.11.-Ostern: tägl. 11-18h

Kurfürstliche Burgruine, frei zugänglich

Wiesbaden, Kur- und Verkehrsverein, Wilhelmstr. 47, 65183 Wiesbaden, Tel. 0611-172 90, Fax 0611-172 97 98, www.wiesbaden.de

Tourist Information Wiesbaden, Marktstraße 6, 65183 Wiesbaden, Tel. 0611-172 97 80, Fax 0611-172 97 98

Schloss Biebrich, Rheingaustraße, Info beim Verkehrsverein, Do 16.30h Führung

Frauenmuseum, Wörthstr. 5, 65185 Wiesbaden, Tel. 0611-308 17 63, Mi/Do 15-19h, So 12-17h

Museum Wiesbaden, Friedrich-Ebert-Allee 2, 65138 Wiesbaden, Tel. 0611-368 21 87, Di 10-20h, Mi-So 10-18h

Mainz, Touristikzentrale, Brückenturm am Rathaus, 55116 Mainz, Tel. 06131-28 62 10, Fax 06131-286 21 55, www.mainz.de

Dom St. Martin, Dominformation, Markt 10, 55116 Mainz, Tel. 06131-25 34 12, 01.04.-30.09.: Mo-Fr 9-18.30h, Sa 9-16h, So 12.45-15h, 16-18.30h, 01.10.-31.03.: Mo-Fr 9-17h, Sa 9-16h, So 12.45-15h, 16-17h

Gutenbergmuseum, Liebfrauenplatz 5, 55116 Mainz, Tel. 06131-12 26 40, Fax 06131-12 34 88, Di-Sa 9-17h, So 11-15h, www.gutenberg-museum@stadt.mainz.de

Landesmuseum Mainz, Große Bleiche 49-51, 55116 Mainz, Tel. 06131-285 70, Di 10-20h, Mi-So 10-17h

Naturhistorisches Museum, Mitternacht/Reichklarastr. 1, Tel.06131-12 26 46, Mi-So 10-17h, Di/Do 10-20h

Römisch-Germanisches Zentralmuseum, Neutorstr. 2 b, 55116 Mainz, Tel. 06131-912 40, Di-So 10-18h

Bildnachweis

Rotterdam: Niederländisches Tourismusbüro: S. 17, 18, 21
Groesbeek: NIOD/Nationales Befreiungsmuseum Groesbeek: S. 33
Wesel: Stadt-Archiv Wesel: S. 46
Moers: Holger Kliem: S. 48
Uerdingen: Nadine Lente/Stadtspiegel Krefeld: S. 52
Neuss: Lothar Berns: S. 54
Duisburg: Stadt Duisburg: S. 49
Düsseldorf: Düsseldorfer Fotoarchiv/Werbeamt: S. 56 (2x), 60, 61
Barbara Meisner: S. 57
Zons: Scholten/Bürgerhaus Zons: S. 60
Köln: Inge Decker/KölnTourismus: S. 69, KölnTourismus: S. 70
Brühl: Udo Beißel: S. 70
Wesseling: Birgit Broich-Jansen: S. 71
Bonn: Michael Sondermann/Stadt Bonn: S. 73, 75
Neuwied/Engers: Villa Musica: S. 81
Koblenz: gauls - Die Fotografen: S. 82, 83
Boppard/Rhens: Verkehrsamt Boppard: S. 85
Lahnstein: Stadtverwaltung Lahnstein/Tourist-Information: S. 85
Loreley: Verkehrsverein Loreley-Burgenstraße e.V.: S. 89
Mainz: Thomas Klumb/Bistum Mainz/Öffentlichkeitsarbeit: S. 103

Bilder von Christopher Landerer: S. 8, 9, 11, 13 - 17, 19, 20, 24, 27, 35, 42, 63, 67, 77, 87, 99
Alle übrigen Bilder von Thomas Struck

Ortsregister